westermann

Hans Jecht, Tobias Fieber, Marcel Kunze, Peter Limpke, Rainer Tegeler

Prüfungswissen KOMPAKT

Groß- und Außenhandelsmanagement

1. Auflage

W0051997

Bestellnummer 27758

Zusatzmaterialien

Für Lehrerinnen und Lehrer

inkl. E-Book

Lehrerlizenz BiBox Dauerlizenz: 978-3-427-27771-2
Kollegiumslizenz BiBox Dauerlizenz: 978-3-427-27778-1
Kollegiumslizenz BiBox Schuljahr: 978-3-427-83473-1

Für Schülerinnen und Schüler

inkl. E-Book

Schülerlizenz BiBox Schuljahr: 978-3-427-27785-9

westermann GRUPPE

© 2022 Bildungsverlag EINS GmbH, Ettore-Bugatti-Straße 6-14, 51149 Köln
www.westermann.de

Druck und Bindung: Westermann Druck GmbH,
Georg-Westermann-Allee 66, 38104 Braunschweig

ISBN 978-3-427-**27758**-3

Vorwort

Die heiße Phase beginnt:

Der erste Teil oder sogar schon der zweite Teil der Abschlussprüfung steht bevor. Auf diese Prüfung sollten Sie sich gut vorbereiten. Dabei hilft Ihnen dieses Buch. Es fasst in kurzer und übersichtlicher Form alle für die IHK-Abschlussprüfung wichtigen Lerninhalte zusammen. Es ersetzt in keinem Fall ein Schulbuch. Es dient aber einer effektiven Prüfungsvorbereitung. Gelerntes wird in vielen Fällen sehr schnell wieder ins Gedächtnis zurückgebracht. Andererseits erkennen Sie aber auch eventuelle Lücken, die Sie dann mit diesem Buch, aber auch mit Ihrem Schulbuch schnell schließen können.

Beachten müssen Sie, dass einige der in den Kapiteln für einen Prüfungsbereich dargestellten Lerninhalte auch für andere Prüfungsfächer der Prüfung bedeutsam sein können.

Sowohl der Verlag als auch die Autoren wünschen Ihnen viel Erfolg bei der Prüfungsvorbereitung und erst recht bei der Prüfung.

Hildesheim, November 2021

Die Autoren

Die Abschlussprüfung

Die Abschlussprüfung wird als gestreckte Abschlussprüfung durchgeführt. Dies bedeutet, dass es sich um *eine* Abschlussprüfung in zwei zeitlich auseinander liegenden Teilen handelt:

Der Teil 1 der Abschlussprüfung

Der Teil 1 der Abschlussprüfung wird nach 18 Monaten über Inhalte der ersten 15 Monate der Ausbildung im Bereich „Organisation des Warensortiments und von Dienstleistungen" schriftlich durchgeführt. Die Prüfung dauert 90 Minuten. Das Prüfungsergebnis ist Bestandteil der Endnote und geht mit einer Gewichtung von 25 % in das Gesamtergebnis ein.

Der Teil 2 der Abschlussprüfung

Der Teil 2 der Abschlussprüfung wird in den drei Prüfungsbereichen „Kaufmännische Steuerung von Geschäftsprozessen", „Prozessorientierte Organisation von Großhandelsgeschäften" (für die Fachrichtung Großhandel) oder „Prozessorientierte Organisation von Außenhandelsgeschäften" (für die Fachrichtung Außenhandel) sowie Wirtschafts- und Sozialkunde am Ende der Ausbildung schriftlich und zusätzlich in einem fallbezogenen Fachgespräch mündlich durchgeführt:

--→ Kaufmännische Steuerung von Geschäftsprozessen:
Dies ist eine schriftliche Prüfung, die 60 Minuten dauert. Das Ergebnis dieser Prüfung geht mit 15 % in das Gesamtergebnis ein.

--→ Prozessorientierte Organisation von Großhandelsgeschäften:
Diese schriftliche Prüfung dauert 120 Minuten und hat eine Gewichtung von 30 %.

--→ Wirtschafts- und Sozialkunde:
Auch diese Prüfung geht über 60 Minuten und erfolgt schriftlich. Am Gesamtergebnis hat sie einen Anteil von 10 %.

--→ Fallbezogenes Fachgespräch zu einer betrieblichen Fachaufgabe im Großhandel:
Diese mündliche Prüfung dauert 30 Minuten und geht mit 20 % in das Gesamtergebnis ein.

Es gibt 2 Arten bei der mündlichen Prüfung:

- Standard ist die traditionelle mündliche Prüfung: Der Prüfungsausschuss stellt Ihnen zwei praxisbezogene Aufgaben aus zwei unterschiedlichen Prüfungsgebieten zur Auswahl. Sie wählen dann eine Aufgabe und erhalten eine vorbereitende Bearbeitungszeit von 15 Minuten.
- Die 2. Möglichkeit ist die Reportprüfung: Sie fertigen aus zwei eigenständig im Ausbildungsbetrieb bearbeiteten praxisbezogenen Fachaufgaben aus zwei

unterschiedlichen Prüfungsgebieten zwei Berichte, Reporte genannt. Der Prüfungsausschuss wählt dann eine Aufgabe für das Fachgespräch aus.

Bewertet wird nur die Leistung, die Sie im fallbezogenen Fachgespräch erbringen. Nicht bewertet werden die Durchführung der praxisbezogenen Fachaufgabe und der Report.

Das Bestehen der Prüfung

Der Teil 1 der gestreckten Abschlussprüfung zählt bereits für die Endnote. Über die in Teil 1 erbrachten Leistungen erhält der Prüfling eine schriftliche Bescheinigung.

Das endgültige Prüfungsergebnis wird erst nach Beendigung von Teil 2 festgestellt.

Folgender Notenschlüssel wird in der Prüfung verwendet:

- → 100 bis 92 Punkte Note 1 – sehr gut
- → unter 92 bis 81 Punkte Note 2 – gut
- → unter 81 bis 67 Punkte Note 3 – befriedigend
- → unter 67 bis 50 Punkte Note 4 – ausreichend
- → unter 50 bis 30 Punkte Note 5 – mangelhaft
- → unter 30 bis 0 Punkte Note 6 – ungenügend

Wenn folgende Bedingungen erfüllt sind, ist die Prüfung bestanden:

- → Im Gesamtergebnis von Teil 1 und Teil 2 muss mindestens der Bereich „ausreichend" erreicht sein.
- → Das Ergebnis von Teil 2 der Abschlussprüfung muss mindestens „ausreichend" betragen.
- → Mindestens drei Prüfungsbereiche von Teil 2 der Abschlussprüfung müssen mit mindestens „ausreichend" bewertet worden sein.
- → In keinem Prüfungsbereich von Teil 2 darf es ein „ungenügend" geben.

Sie können bei Gefahr des Nichtbestehens der Abschlussprüfung in einem der schriftlichen Prüfungsbereiche, indem sie schlechter als „ausreichend" bewertet wurden, eine mündliche Ergänzungsprüfung beantragen. Der Prüfungsausschuss stellt 15 Minuten lang mündliche Fragen, die sich auf den in der Ausbildungsordnung für dieses Prüfungsfach vorgesehenen Inhalt beziehen. Bei der Ermittlung des neuen Ergebnisses für das Prüfungsfach werden die Ergebnisse der schriftlichen Prüfung und der mündlichen Ergänzungsprüfung im Verhältnis 2 zu 1 gewichtet.

Inhaltsverzeichnis

A

ORGANISIEREN VON WARENSORTIMENT UND DIENSTLEISTUNGEN

Teil 1 der gestreckten Abschlussprüfung

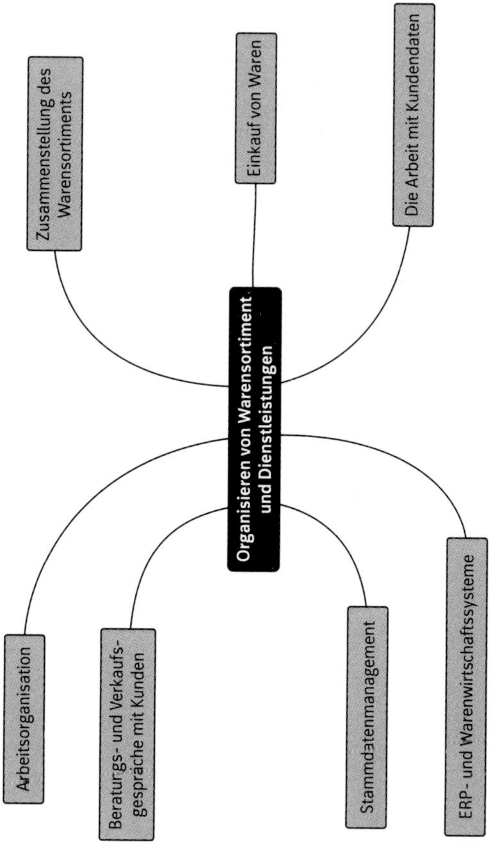

- Zusammenstellung des Warensortiments
- Einkauf von Waren
- Die Arbeit mit Kundendaten
- Arbeitsorganisation
- Beratungs- und Verkaufsgespräche mit Kunden
- Stammdatenmanagement
- ERP- und Warenwirtschaftssysteme

Organisieren von Warensortiment und Dienstleistungen

1   Zusammenstellung des Warensortiments

Ein **Sortiment** ist die Gesamtheit aller Waren (und Dienstleistungen), die ein Großhändler anbietet. Es besteht aus verschiedenen Sorten, die zu Artikeln und Warengruppen zusammengefasst werden können.

Die **Sorte** ist die kleinste Einheit des Sortiments. Gleichartige Sorten, die sich nur nach der Menge, Größe, Farbe und Musterung unterscheiden, bilden die **Artikel**. Verschiedene, aber ähnliche Artikel werden zu **Warengruppen** zusammengefasst.

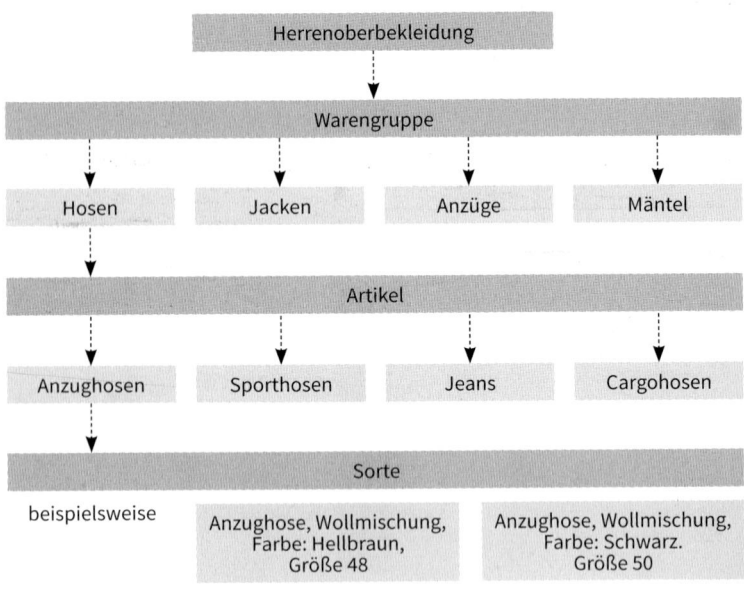

Die Warengruppen können noch unterteilt werden in:

--→ Warenarten

--→ Warengattung

--→ Warenbereiche

1.1   Sortimentskriterien

Nach der **Bedeutung für den Gesamtumsatz** unterteilt man das Sortiment eines Großhandelsbetriebes in Kern- und Randsortiment:

--> Das **Kernsortiment** ist der Sortimentsteil, auf den sich die Haupttätigkeit des jeweiligen Großhandelsbetriebes erstreckt. Es erbringt in der Regel den überwiegenden Umsatzanteil.

--> Das **Randsortiment** wird zur Ergänzung und Abrundung des Kernsortiments geführt. Es erbringt den geringeren Umsatzanteil.

Der **Sortimentsumfang** eines Großhandelsbetriebes wird mit den Begriffen Sortimentsbreite und Sortimentstiefe beschrieben.

--> Die **Sortimentsbreite** wird bestimmt durch die Zahl der Warengruppen. Je mehr Warengruppen ein Großhandelsbetrieb anbietet, umso **breiter** ist sein Sortiment. Ein breites Sortiment enthält viele Warengruppen. Ein **schmales** Sortiment besteht nur aus einer oder wenigen Warengruppen.

--> Die **Sortimentstiefe** wird durch die Artikel- und Sortenzahl bestimmt. Je mehr Artikel und Sorten innerhalb einer Warengruppe angeboten werden, umso **tiefer** ist das Sortiment. Ein Großhandelsbetrieb führt ein tiefes Sortiment, wenn er innerhalb der einzelnen Warengruppen viele Artikel und Sorten anbietet. Werden innerhalb der einzelnen Warengruppen nur wenige Artikel und Sorten angeboten, ist das ein **flaches** Sortiment.

1.2   Sortimentsbildung und Sortimentsveränderungen

Eine der Hauptaufgaben eines Großhandelsunternehmens ist es, im Rahmen der **Sortimentsbildung** die Art, Qualität und Menge der von den Kunden zu einem bestimmten Zeitpunkt benötigten Waren festzulegen. Die Fragestellung der Sortimentspolitik eines Großhandelsunternehmens lautet:

Wie kann das gesamte Waren- und Dienstleistungsangebot eines Handelsunternehmens an den Bedürfnissen der Kunden ausgerichtet werden?

Sortimentsveränderungen sind notwendig, wenn im Rahmen der Sortimentskontrolle Sortimentslücken oder schwer verkäufliche Artikel festgestellt werden:

--> Bei der **Sortimentsbereinigung** werden bestimmte Artikel und Sorten aus dem Sortiment gestrichen. Dadurch wird der Sortimentsumfang verringert.

--> Bei der **Sortimentserweiterung** werden zusätzliche Artikel und Sorten in das Sortiment aufgenommen.

--→ Eine Sonderform der Sortimentserweiterung ist die **Diversifikation.** Sie liegt vor, wenn ein Handelsbetrieb Warengruppen neu in sein Sortiment aufnimmt, die mit seinem bisherigen Sortiment keine oder nur geringe Verwandtschaft aufweisen.

--→ Die Erweiterung, Vertiefung und/oder qualitative Anhebung des Sortiments (z. B. durch größere Auswahl, höheres Qualitäts- und Preisniveau, umfangreichere Dienstleistungen, anspruchsvollere Geschäftsausstattung) wird als **Trading-up** bezeichnet.

--→ Werden Artikel aus dem Sortiment genommen, weil sie nicht mehr rentabel sind, liegt eine **Produktelimination** vor.

1.3 Waren im Sortiment

Die sich im Sortiment befindenden Produkte können unterteilt werden in

--→ **Substitutionsgüter:** Diese Produkte ersetzen sich aufgrund des gleichen Nutzens gegenseitig. Ein typisches Beispiel dafür sind Zucker und Süßstoff. Aus Sicht der Kunden stehen sie in Konkurrenz zueinander.

--→ **Komplementärgüter** ergänzen sich und werden nur zusammen nachgefragt. Typische Komplementärgüter sind Autos und Benzin. Die Nachfrage nach einem Produkt beeinflusst direkt die Nachfrage nach einem anderen Produkt.

Wird ein Sortiment zusammengestellt, muss der Großhändler für jedes Produkt zudem den **Produktlebenszyklus** in den Fokus nehmen.

Produkte durchlaufen – vergleichbar dem Menschen – verschiedene Lebensphasen. Die Kenntnis, in welcher Phase des Lebenswegs sich ein bestimmter Artikel gerade befindet, ermöglicht einen effizienten Einsatz der absatzpolitischen Instrumente. Insbesondere bei Konsumgütern lässt sich der Produktlebenszyklus in folgende Phasen einteilen:

--→ In der **Einführungsphase** sind die Umsätze gering, da das Produkt noch wenig bekannt ist. Auch hohe Werbeaufwendungen führen noch nicht dazu, dass das Produkt sich in der Gewinnzone befindet. Durch die Quasimonopolstellung des Anbieters wird ein hoher Produktpreis verlangt.

--→ In der **Wachstumsphase** steigen die Umsätze sehr stark an: Das Produkt kommt in die Gewinnphase. Die nach wie vor starke Werbung erfasst breite Käuferschichten. Konkurrenten treten als Nachahmer auf, sodass die Preise sinken.

--→ In der **Reifephase** können die Umsätze zwar noch wachsen, aber die Wachstumsraten verringern sich. Der Preiswettbewerb verschärft sich.

--→ In der **Sättigungsphase** erreichen die Umsätze ihren höchsten Punkt. Der Gesamtgewinn ist am größten. Doch spätestens jetzt müssen entweder Pläne für ein neues Produkt vorliegen oder Verjüngungsmaßnahmen für das existierende Produkt ergriffen werden, die seinen Lebenszyklus verlängern.

--→ In der **Degenerationsphase** sind die Umsätze und Gewinne rückläufig.

1.4 Verpackungsgestaltung

Bei der Zusammenstellung eines Sortiments muss auch die **Verpackungsgestaltung** beachtet werden.

Unter **Verpackung** wird die Umhüllung einer Ware zum Zweck des Schutzes verstanden.

Bei der Verpackung steht also der Nutzen der Umhüllung für folgende Zwecke im Vordergrund:

--→ Schutz des Produkts
--→ Gewährleistung der Transport- und Lagerfähigkeit
--→ einfache Verwendung

Wenn die Umhüllung zusätzlich noch der Kommunikation mit den Kunden dient, so spricht man von **Packung**. Die Packung dient zusätzlich noch

--→ zur Information über Produkteigenschaften
--→ dem Anreiz zum Kauf
--→ zur Information über Bestandteile und Inhaltsstoffe (gesetzliche Vorschriften!)
--→ als Bedienungsanleitung
--→ zur Markenidentifikation

Eine Packung hat also folgende Funktionen:

--→ **Schutzfunktion:** Die Umhüllung gewährleistet, dass die Ware in unversehrtem Zustand zu den Käufern kommt.

--→ **Transport- und Lagerungsfunktion:** Die Verpackung muss so beschaffen sein, dass die Ware problemlos zwischen den Wirtschaftsstufen befördert und in verschiedenen Lagern aufbewahrt werden kann.

--→ **Informationsfunktion:** Die Umhüllung gibt Auskunft über die Ware.

--→ **Umweltfreundlichkeit:** Die Verpackung sollte ökologischen Ansprüchen genügen (also z. B. nach Möglichkeit recycelbar sein). Ziel der Packungspolitik ist es, das Produkt sowohl verkaufs- als auch marktgerecht zu verpacken.

--→ **Werbefunktion:** Die Packung wirbt für den Artikel und ist anregend für den Kauf.

--→ **Servicefunktion:** Im Idealfall wird die Handhabung der Ware erleichtert werden.

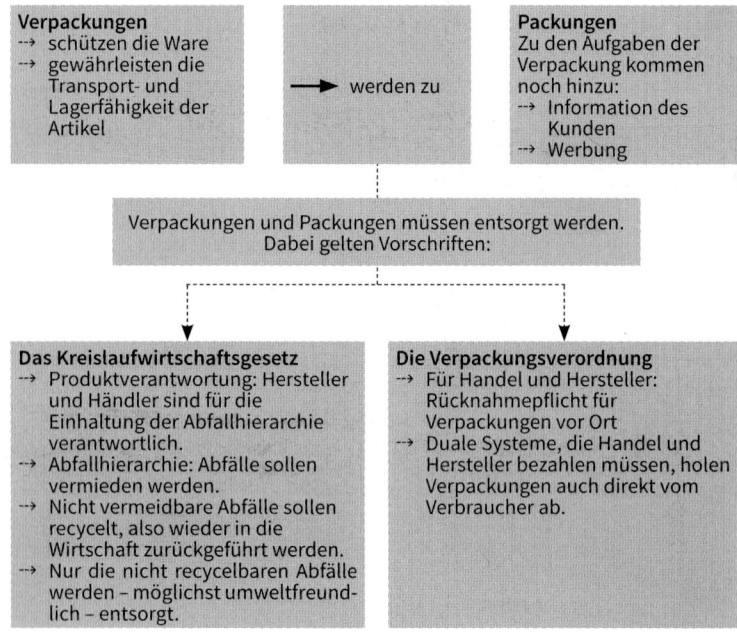

1.5   Service als Teil des Sortiments

Zum Sortiment gehört allgemein nicht nur das Angebot von Waren, sondern auch von Dienstleistungen. Unterschieden werden:

--> Warenabhängiger Service steht in einem direkten Zusammenhang mit der Ware. Die Serviceleistungen eines Einzelhandelsunternehmens beziehen sich unmittelbar auf das angebotene bzw. verkaufte Produkt, wie z. B. Reparaturservice, Serviceverträge und Wartungsverträge.

--> Kundenbezogene Dienstleistungen stehen in keinem unmittelbaren Zusammenhang mit der Ware. Dies können Serviceleistungen sein, die der Bequemlichkeit der Kunden dienen oder ihnen Vorteile bringen, wie z. B. das Angebot von Lieferantenkrediten und Leasingverträgen, Beratung und Zustelldienste usw.

2 Der Einkauf von Waren

2.1 Bedarfsermittlung

Die **Bedarfsermittlung** ist die erste Voraussetzung für einen planvollen Einkauf. Der **Bedarf** ist die Warenmenge, die in angemessener Zeit durch den Betrieb voraussichtlich verkauft beziehungsweise verarbeitet werden kann. Unterstützt werden Großhändler durch Computerprogramme, sogenannte EDV-gestützte **Warenwirtschaftssysteme**.

Diese ermöglichen unter anderem eine Verkaufsdatenanalyse (= Verkaufsdatenauswertung), mit der der zukünftige Bedarf ermittelt werden kann. Für die Bedarfsermittlung ausgewertet werden in vielen Betrieben Umsatz-, Ein- und Verkaufsstatistiken, aber auch Markt -und Börsenberichte.

2.2 Bezugsquellenermittlung

Der Auswahl der Lieferer muss besondere Aufmerksamkeit geschenkt werden. Von der **Bezugsquellenermittlung** hängt ganz entscheidend die Kostensituation eines Unternehmens ab. Grundsätzlich sollte dort eingekauft werden, wo es am günstigsten ist.

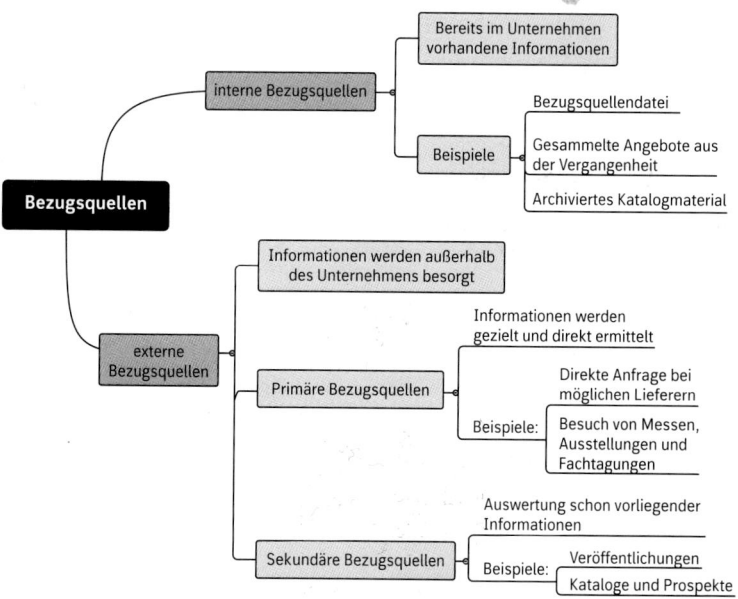

2.3 Anfrage

Ist der Bedarf für einen Artikel ermittelt und sind mögliche Bezugsquellen festgestellt worden, schickt das Großhandelsunternehmen Anfragen an die möglichen Lieferanten. Eine **Anfrage** ist eine Bitte um ein Angebot. Inhaltlich können beispielsweise noch weitere Punkte enthalten sein:

--→ Bitte um Übersendung eines Katalogs
--→ Informationen über die Lieferbedingungen und/oder die Allgemeinen Geschäftsbedingungen und Preise
--→ besondere Wünsche (z. B. Besuch eines Außendienstmitarbeiters)

Formal kann die Anfrage schriftlich (z. B. Brief, Fax, E-Mail) oder mündlich (z. B. per Telefon) erfolgen. Mündliche Anfragen sind eher bei langjährigen Geschäftsbeziehungen üblich. Die schriftlichen Anfragen sollten nach den Anforderungen der DIN-Norm 5008 angefertigt werden.

Die Anfrage hat keine rechtliche Wirkung. Es liegt hier noch keine Willenserklärung vor. Eine Anfrage ist absolut unverbindlich und verpflichtet nicht zum Kauf. Es soll lediglich ein Kaufvertrag angebahnt werden.

2.4 Optimale Bestellmenge

Vor der Bestellung muss die Beschaffungsmenge bestimmt werden, bei der die Summe aus Beschaffungs- und Lagerhaltungskosten möglich gering ist. Bei der **optimalen Bestellmenge** gleichen sinkende Bestellkosten die steigenden Lagerhaltungskosten so aus, dass die geringsten Gesamtkosten entstehen. Die Höhe der Bestellmenge ist daneben noch abhängig von der wirtschaftlichen Lage des Unternehmens, dem Preis und dem Absatz.

2.5 Bestellrhythmusverfahren und Bestellpunktverfahren

Hat man die Bestellmenge ermittelt, geht es anschließend um den richtigen Zeitpunkt der Bestellung. Dabei werden entweder das Bestellrhythmusverfahren oder das Bestellpunktverfahren angewandt:

Beim **Bestellrhythmusverfahren** wird regelmäßig nach Ablauf bestimmter Zeitabstände (Tage, Wochen, Monate oder Quartale) überprüft, ob sich noch ausreichend Artikel auf Lager befinden. Die Kontrolle, ob nachbestellt werden muss, wird nicht bei jeder Entnahme von Ware durchgeführt, sondern nur zu bestimmten, vorgegebenen Zeitpunkten. Dieses Verfahren wird somit durch den Zeitfaktor gesteuert.

Das häufiger angewandte **Bestellpunktverfahren** dagegen wird durch Verbrauchs-
mengen gelenkt. Eine Bestellung wird jedes Mal ausgelöst, wenn der Lagerbestand
des Artikels nicht mehr ausreicht, um den während der Beschaffungszeit zu erwar-
tenden Bedarf zu decken. Dazu sind Bestandsprüfungen nach jedem Lagerabgang
nötig.

2.6 Angebot und Angebotsvergleich

Auf die gestellten Anfragen kommen Angebote in das Unternehmen.

Angebote sind an eine genau bestimmte Person oder Personengruppe (z. B. ein Unternehmen) gerichtet und **grundsätzlich verbindlich**. Angebote sind nicht zu verwech-
seln mit **Anpreisungen**, die an die Allgemeinheit gerichtet und daher unverbindlich
sind (z. B. Werbeanzeigen).

Die grundsätzliche Verbindlichkeit von Angeboten wird aufgehoben

--→ durch Bindungsfristen:
  - bei befristeten Angeboten Ablauf der Bindungsfrist nach Ablauf der Frist
  - bei unbefristeten Angeboten dauert die Bindungsfrist bei mündlichen und
    telefonischen Angeboten solange das Gespräch dauert, bei schriftlichen
    Angeboten etwa eine Woche, bei Angeboten per Fax 24 Stunden.
--→ durch Freizeichnungsklauseln, bei denen durch bestimmte Formulierungen die
  Bindung ganz („Angebot freibleibend") oder teilweise („Preis freibleibend")
  aufgehoben wird.
--→ bei verspäteter Bestellung
--→ bei einer vom Angebot abweichenden Bestellung
--→ bei Ablehnung des Angebotes
--→ bei einem rechtzeitigen Widerruf.

2.6.1 Quantitativer Angebotsvergleich

Beim **quantitativen Angebotsvergleich** werden die Bezugspreise der angebotenen
Waren verglichen.

Listenpreis	Preis, der im Angebot (oft in Form von Listen) genannt wird	100 %	200,00 €
Rabatt	z. B. für die Abnahme größerer Mengen	− 20 %	− 40,00 €

Zieleinkaufspreis	Preis, der bei Inanspruchnahme des Lieferantenkredits gezahlt werden muss	80 %	160,00 €
		100 %	
– Skonto	Zins für den Lieferantenkredit	– 2 %	– 3,20 €
Bareinkaufspreis	Preis bei „sofortiger" Zahlung	98 %	156,80 €
+ Bezugskosten	z. B. Kosten für den Frachtführer 10,40 €		10,40 €
Bezugspreis	Dieser auch häufig Einstandspreis genannte Preis umfasst sämtliche Kosten, bis die Ware auf Lager liegt, und ist damit die Grundlage für Angebotsvergleiche		167,20 €

Besonderen Einfluss auf die Bezugspreise haben die Lieferungs- und Zahlungsbedingungen. Beachtet werden müssen:

→ die jeweilige Regelung der Verteilung der **Versandkosten**

Verteilung der Versandkosten	Bedeutung
gesetzliche Regelung: *keine Vereinbarung*	Beim Versendungskauf zahlen Verkäufer die Kosten nur bis zur Versandstation.
vertragliche Regelung: → ab Werk → ab Lager → ab Fabrik	Verkäufer haben keine Versandkosten zu tragen.
vertragliche Regelung: → unfrei → ab hier → ab Bahnhof hier → ab Versandstation	Beim Versendungskauf zahlen Verkäufer die Kosten bis zur Versandstation.
vertragliche Regelung: → frachtfrei frei dort → frei Bahnhof dort	Verkäufer tragen die Versandkosten bis zur Empfangsstation.
vertragliche Regelung: → frei Haus → frei Lager	Verkäufer tragen alle Versandkosten.

--> die Verpackungskosten

Verteilung der Verpackungskosten	Bedeutung
gesetzliche Regelung	Käufer tragen die Kosten der Versandpackung.
vertragliche Regelung: --> netto einschließlich Verpackung --> Preis für Reingewicht einschließlich Verpackung	Der Preis wird nur vom Nettogewicht der Ware berechnet.
vertragliche Regelung: --> netto ausschließlich Verpackung --> Reingewicht ausschließlich Verpackung	Der Preis wird vom Nettogewicht berechnet. Die Verpackung wird zum Selbstkostenpreis zusätzlich in Rechnung gestellt.
vertragliche Regelung: --> brutto für netto --> Bruttogewicht einschließlich Verpackung	Die Verpackung wird wie die Ware berechnet.

--> das Vorliegen von Rabatten, Boni und Skonti:
- Mit **Rabatten** können Großhändler flexibel auf unterschiedliche Kundenansprüche reagieren. Mögliche Rabattarten sind Mengenrabatt, Treuerabatt, Sonderrabatt und Personalrabatt.
- Ein **Skonto** ist ein Nachlass, der für das Zahlen innerhalb eines Zahlungszeitraums eingeräumt wird.
- Ein **Bonus** ist ein nachträglicher Preisnachlass, der z. B. bei Erreichen einer bestimmten Umsatzhöhe gewährt wird.

--> besondere Regeln beim Ankauf kleinerer Mengen eines Artikels: Da der Verkauf geringer Artikelmengen für viele Unternehmen zu teuer ist, verlangen sie entweder eine Mindestbestellmenge oder erheben einen Mindermengenzuschlag (Zuschlag für Kleinbestellungen).

2.6.2 Qualitativer Angebotsvergleich

Nach dem quantitativen Angebotsvergleich wird noch ein **qualitativer** Angebotsvergleich durchgeführt. Hierfür werden beispielsweise herangezogen:

--> die Qualität der Waren
--> die Lieferzeiten
--> die Umwelt und Gesundheitsverträglichkeit
--> die Zahlungsbedingungen

Dies erfolgt in der Regle in Form einer **Nutzwertanalyse**. Diese wird für eine begründete Entscheidungsfindung herangezogen, wenn nicht unbedingt quantifizierbare Entscheidungskriterien vorliegen.

2.7   Zustandekommen eines Kaufvertrags

Nach dem Angebotsvergleich erfolgt die **Bestellung**. Eine Bestellung ist genauso wie ein Angebot rechtlich verbindlich.

Wenn die Bestellung aufgrund eines Angebotes abgegeben wird, kommt ein Kaufvertrag zustande, sofern beide Willenserklärungen übereinstimmen. Erfolgt eine Bestellung ohne ein vorausgegangenes Angebot, kommt der Kaufvertrag nur durch eine Auftragsbestätigung oder durch eine Warenlieferung zustande.

2.8   Die Arbeit mit Kundendaten

Beim Eingang einer Kundenanfrage wird zunächst überprüft, ob es sich um einen **Stammkunden** handelt, zu dem im Unternehmen schon Daten vorliegen oder um einen **Neukunden**, dessen Daten erstmalig erfasst werden. Dabei sind die Grundsätze von Datenschutz und Datensicherheit zu beachten.

Eine sehr große Rolle spielt die **Bonitätsprüfung** der Kunden. Bonität ist die Fähigkeit, Schulden zurückzahlen zu können. Die Bonität gibt einem Lieferanten Auskunft über die Vertrauenswürdigkeit eines Kunden bzw. einer Kundin.

2.9   Stammdatenmanagement

Die Datenqualität – nicht nur von Kundendaten, sondern auch von Artikel- und Kundenstammdaten – wird immer wichtiger für den Erfolg eines Großhandelsunternehmens. Dies macht ein Stammdatenmanagement erforderlich. Dabei geht es um die Verwaltung der Stammdaten mit dem Ziel, deren Qualität möglichst optimal vorzuhalten. Diese Stammdatenqualität wird unterstützt durch **Stammdatenmanagementprogramme**. Weitere Inhalte finden Sie in Kapitel 4, Seite 24.

2.10   Eigentumsvorbehalt

Es sollte überlegt werden, ob man den Kunden gegenüber auf Eigentumsvorbehalt bestehen sollte. Dies ist eine Vereinbarung zwischen Verkäufer/-in und Käufer/-in, dass das Eigentumsrecht erst mit der vollständigen Bezahlung auf den Käufer bzw. die Käuferin übergeht (**einfacher Eigentumsvorbehalt**).

Neben dieser Form des Eigentumsvorbehalts gibt es noch:

⇢ den verlängerten Eigentumsvorbehalt: Dabei wird die aus einem Weiterverkauf entstandene Forderung an einen Dritten zu dessen Absicherung an den Lieferanten weitergegeben.

⇢ den erweiterten Eigentumsvorbehalt: Der Eigentumsvorbehalt bleibt bestehen, bis alle Lieferung an denselben Kunden vollständig bezahlt

2.11 ABC-Analyse

Kunden werden oft mithilfe einer **ABC-Analyse** bewertet. Dieses Verfahren wird oft auch bei der Wirtschaftlichkeitskontrolle von Artikeln angesehen.

Die infrage kommenden Kunden (genauso wie die benötigten Güter) werden entsprechend des Verbrauchs nach ihrem Mengen- oder Wertanteilen am gesamten Einkaufsvolumen in A-, B- und C-Kunden (Güter) eingeteilt:

⇢ A-Kunden (A-Güter) haben einen hohen Wertanteil, jedoch nur einen geringen Mengenanteil an der Gesamtheit.

⇢ C-Kunden (C-Güter) haben zwar ein hohen Mengenanteil am Gesamtvolumen, jedoch nur einen geringen Wertanteil.

⇢ B-Kunden (B-Güter) liegen dazwischen.

2.12 Auftragsbearbeitung

Dem Eingang einer Bestellung folgt im Unternehmen die **Auftragsbearbeitung**. Diese umfasst die Bearbeitung aller Vorgänge, die ein erteilter Auftrag bis zu seiner Auslieferung und Abrechnung durchläuft:

⇢ Im Rahmen der Bestellübermittlung werden die Aufträge per Brief, Telefon, Fax oder Internet an die Großhandlung übermittelt.

⇢ Anschließend erfolgt die **Aufbereitung des Auftrags** im Unternehmen: es werden möglicherweise noch fehlende Informationen ergänzt im Hinblick auf Preise, Konditionen, Liefermodalitäten sowie Kundenbonität.

⇢ Nach der Umsetzung des Auftrags (z. B. durch Erstellen der Auftragsbestätigung) erfolgt die **Kommissionierung:** Die Waren werden im Lager zusammengestellt.

⇢ Anschließend werden die Waren **verpackt** und **versandfertig** gemacht.

⇢ Anschließend erfolgt noch die **Fakturierung:** Dies bezeichnet die Erstellung der Rechnung.

3 ERP- und Warenwirtschaftssysteme

Die **Warenwirtschaft** umfasst den Bereich der Waren in einem Handelsbetrieb. Hierzu zählen alle Tätigkeiten, die nicht nur mit der Beschaffung, sondern auch mit der Lagerung und dem Verkauf von Waren zu tun haben. Die Warenwirtschaft ist das Hauptanwendungsgebiet der Datenverarbeitung in einem Handelsbetrieb. Fehler in der Warenwirtschaft können für Handelsunternehmen existenzbedrohend sein.

Ein **Warenwirtschaftssystem** ist das Informations- und Steuerungssystem der Warenwirtschaft eines Handelsbetriebs. Mithilfe dieses Instruments wird der Warenfluss im Unternehmen gesteuert und kontrolliert. Dadurch kann der Zielkonflikt der Warenwirtschaft – niedrige Bestände anzustreben bei gleichzeitiger Aufrechterhaltung eines hohen Lieferservices – gelöst werden. Durch Warenwirtschaftssysteme werden warenbezogene Informationen zur Verfügung gestellt: Je mehr und je bessere Informationen ein Handelsunternehmen hat, desto besser werden die unternehmerischen Entscheidungen sein und der Handelsbetrieb wird sich am Markt behaupten können.

Beim **integrierten Warenwirtschaftssystem** sind Kunden, Lieferer und Banken in das Warenwirtschaftssystem des Betriebes eingebunden: Warenwirtschaftliche Daten werden zwischen den EDV-Systemen der Marktpartner ausgetauscht, sodass Kosten für Mehrfacherfassungen wegfallen und der Informationsaustausch beschleunigt wird.

Warenwirtschaftssysteme fließen immer mehr in sogenannte **ERP-Systeme** ein, deren Hauptbestandteil sie sind. Dies sind umfassende Programmpakete, die die Geschäftsprozesse von Unternehmen abbilden. Diese Prozesse werden nicht mehr in isolierten Einzelsystemen, sondern über alle Funktionsbereiche hinweg erfasst. Alle administrativen und operativen Aufgabenbereiche entlang der gesamten Wertschöpfungskette im Unternehmen werden mithilfe einer zentralen Datenbasis zusammengeführt. Alle Aufgaben der Auftragsabwicklung, Warenwirtschaft, Finanzwirtschaft und des Rechnungswesens werden erfasst. Es kommt zu einer erhöhten Informationsqualität.

4 Stammdatenmanagement

Großhandelsunternehmen sehen sich riesigen Datenmengen gegenüber, die sich zunehmend auch progressiv vermehren. Treten beispielsweise im Bereich der Stammdaten Datenfehler auf (wie z. B. Dubletten, unvollständige Daten öder Daten unterschiedlicher Aktualität) beeinflusst dies die Datenqualität immens.

Stammdaten sind Daten, die sich über einen längeren Zeitraum gesehen selten oder nie ändern. In einer Großhandlung sind dies vor allem

--→ Kundenstammdaten
--→ Artikelstammdaten
--→ Lieferantenstammdaten
--→ Mitarbeiterdaten

Im Gegensatz dazu oder liegen **Bewegungsdaten** häufiger Veränderungen. Beispiele dafür sind Artikelzu- und -abgänge sowie Zahlungsein- und -ausgänge auf den Konten.

Die **Datenqualität** von Stammdaten ist die entscheidende Grundlage für nahezu jeden Geschäftsprozess und wird immer wichtiger für den Erfolg eines Großhandelsunternehmens.

4.1 Datenpflege

Ein professionell betriebenes **Stammdatenmanagement** verwaltet die Stammdaten mit dem Ziel, deren Qualität möglichst optimal vorzuhalten. Entsprechende Programme sorgen für

--→ effiziente Datenpflege,
--→ Zuweisung klarer Verantwortlichkeiten bei Anlage und Pflege der Dateien,
--→ eine saubere, korrekte Datenbasis sowie einen permanenten und optimierten Austausch mit anderen Softwarepaketen.

4.2 Datenschutz und Datensicherheit

Die Großhandelsunternehmen müssen im Rahmen des Stammdatenmanagements die Anforderungen zu Datenschutz und Datensicherheit beachten.

--→ **Datenschutz**: Unternehmen müssen darauf achten, dass durch verschiedene Maßnahmen das allgemeine Persönlichkeitsrecht Betroffener gewahrt wird. Es darf zu keinem Datenmissbrauch personenbezogener Daten kommen.
--→ **Datensicherheit:** Durch Umsetzung geeigneter technischer Maßnahmen sollte ein Großhandelsunternehmen Daten jeglicher Art gegen Manipulation, Verlust, Diebstahl usw. schützen. Dadurch werden große Sicherheitsrisiken vermieden.

Unterschied von Datenschutz und Datensicherheit

	Datenschutz	Datensicherheit
Was soll geschützt werden?	Schutz der Privatsphäre	Schutz von Daten vor Verlust, Zerstörung, Missbrauch oder Zugriff durch Dritte
Fragestellung	Darf ich bestimmte (personenbezogene) Daten verarbeiten?	Mit welchen Verfahren und Methoden kann ich die erhobenen Daten vor Verlust oder Missbrauch schützen?
Beispiel	*Darf ich den Familienstand der Mitarbeiter meiner Geschäftspartner in das ERP-System aufnehmen?*	*Wie sorge ich dafür, dass nur dazu berechtigte Personen auf bestimmte Kundendaten zugreifen können?*

5 Beratungs- und Verkaufsgespräche mit Kunden

Bei Beratungs- und Verkaufsgesprächen findet eine persönliche Begegnung zwischen Verkäufern und Kunden statt. Sie sind im Großhandel für den Verkaufserfolg von entscheidender Bedeutung.

5.1 Instrumente für eine erfolgreiche Gesprächsführung

In der Kommunikation mit Kunden müssen **Instrumente für erfolgreiche Gesprächsführung,** wie Kommunikationsregeln, Sprache, Körpersprache und Fragetechniken gezielt eingesetzt werden:

Instrumente für erfolgreiche Gesprächsführung			
Sprache	**Körpersprache**	**Fragetechnik**	**Kommunikationsregeln**
Sprachliche Äußerungen können hemmend oder fördernd für den erfolgreichen Verlauf Gesprächen sein.	Körpersprache zu entschlüsseln und bewusst einzusetzen, bietet in Gesprächen zahlreiche Vorteile.	Mit Fragen können Gespräche gelenkt werden.	Durch Kenntnis der Kommunikationsregeln können Störungen in Gesprächen vermieden werden.

5.2 Phasen von Beratungs- und Verkaufsgesprächen

Erfolgreiche Großhändler beherrschen auch die **Regeln der Beratungs- und Verkaufstechnik** in allen neun Phasen eines Beratungs- und Verkaufsgesprächs.

Phase	Zielsetzung	Regeln
Kontaktphase	Das Gegenüber soll sich positiv angenommen und wahrgenommen fühlen.	→ Kunden wahrnehmen (Aufmerksamkeit) → vorherige Tätigkeiten unterbrechen → Blickkontakt aufnehmen und halten → positive Körpersprache (Willkommen signalisieren: zugewandt, offen, Lächeln) → Begrüßung (tageszeit-/anlassbezogen, namentlich, sofern bekannt)
Bedarfsermittlung	Feststellen, welche Bedürfnisse das Gegenüber hat.	→ Ansprache der Kunden (z. B. warenbezogen bei Vorwahl) → Kaufmotive ermitteln → direkte (Fragen) oder indirekte Bedarfsermittlung (Warenvorlage) → W-Fragen (ungünstig: nach Preis, Farbe, Größe etc., besser: nach Anlass, Nutzung etc.)
Warenvorlage	Die Ware bedarfsgerecht unterbreiten.	→ so früh wie möglich → in der Regel nicht mehr als drei Artikel → unterschiedliche Preisklassen (niedrig, mittel, hoch, mit mittlerer Preislage beginnen) → Ware von der besten Seite/vor bestem Hintergrund präsentieren → einwandfreie Ware nutzen → Gebrauch zeigen, Kunden ausprobieren lassen → möglichst viele Sinne ansprechen
Verkaufsargumentation	Das Gegenüber durch die Nutzendarstellung überzeugen.	→ auf das Problem der Kunden eingehen → alle drei Stufen des Verkaufsarguments (Produktmerkmal + Produktvorteil + Kundennutzen im Sie-Stil) → Filter-Prinzip → Argumentationsregeln (Argumente steigern, positiv formulieren) → Verkaufsphrasen vermeiden (wie z. B. Verkäufer besitzt das Produkt selbst)

Phase	Zielsetzung	Regeln
Preisnennung	Den Preis der Ware in Bezug zur Leistung setzen	→ Preisschock vermeiden → erst Preisbewusstsein aufbauen (nicht zu früh und separat nennen) → nicht für den Preis „entschuldigen" → Reizwörter vermeiden (kosten, teuer, leider, billig etc.) → Preis nicht isoliert nennen: Sandwich-methode (zweitbestes Argument – Preis – bestes Argument) → ggf. weitere Preistaktiken (z. B. Teilungsmethode, Verkleinerungsme-thode, Vergleichsmethode) anwenden
Einwandbe-handlung	Einem unsicheren Gegenüber zeigen, dass seine Bedenken ernst genommen werden.	→ Verständnis zeigen → Einwand positiv als Chance sehen → nicht aggressiv reagieren, keinen Konflikt entstehen lassen → Klären, ob echter oder unechter Einwand → Einwandbehandlungs-Methoden anwenden (Ja-aber-Methode, Bumerang-Methode, Vorwegnahme-Methode, Rückfragemethode, Verzögerungsmethode, Öffnungsme-thode, Offenbarungsmethode)
Anbieten von Ergänzungsar-tikeln	Für das Gegenüber wird der Hauptkauf komplett gemacht.	→ Den Kunden weitere Artikel anbieten, die den Hauptartikel sinnvoll ergänzen, aufwerten oder überhaupt erst einsatz-fähig machen
Herbeiführen des Kaufabschlus-ses	Das Gegenüber soll dazu gebracht werden, eine Entscheidung zu treffen.	→ Kaufsignale bei Kunden wahrnehmen (verbale und nonverbale) → Abschlusstechniken verwenden (Zusammenfassung der Argumente, Alternativfragen stellen, Als-ob-Fragen, Pausieren, direkte Kaufaufforderung, persönliche Empfehlung, Ja-Fragen-Technik, Auswahl einschränken)
Abschluss der Verkaufshand-lung	Das Verkaufsgespräch wird für das Gegenüber zufriedenstellend beendet.	→ Bestätigung der Kaufentscheidung („Kaufblues" vermeiden) → Hinweise und Anregungen → Dank → Verabschiedung (tageszeit-/anlassbezogen, persönlich)

6 Arbeitsorganisation

Die Beschäftigten im Großhandel müssen ihre eigene Arbeit unter Einsatz betrieblicher Arbeits- und Organisationsmittel systematisch planen, durchführen und kontrollieren können. Dazu gehören:

-→ die **Arbeitsvorbereitung**: Dies ist die Gesamtheit aller vorbereitenden Maßnahmen, die durch Planung, Steuerung und Überwachung der Großhandelsprozesse ein wirtschaftliches Optimum erzielen sollen. Um dies zu erreichen, müssen Probleme erfasst und Lösungen vorbereitet werden, es müssen Zeitpläne erstellt, erforderliche Arbeitsmittel beschafft und Informationsquellen erschlossen werden.
-→ die **Arbeitsplanung** umfasst alle Planungsmaßnahmen zur qualitätsgerechten, prozesssicheren, wirtschaftlichen Durchführung der Großhandelsprozesse (auftrags- und terminneutral). Hier werden folgende Aussagen gemacht:
  - Was: Art, Menge, Beschaffenheit der einzukaufenden oder zu verkaufenden Artikel bzw. Dienstleistungen
  - Wie: Organisatorische Abläufe und technische Verfahren, die zur Durchführung der Geschäftsprozesse notwendig sind
  - Womit: Waren, Material, Betriebsmittel, Personal
-→ Im Rahmen der **Durchführung** werden alle Maßnahmen ergriffen, die für eine der Arbeitsplanung entsprechende, termingerechte Auftragsabwicklung (Wie viel? Wann? Wo? Durch wen?) erforderlich sind.
-→ Während der Durchführung muss eine ständige **Kontrolle** erfolgen, die einen Vergleich zwischen dem Soll- und dem Ist-Zustand ermittelt. Mithilfe des Vergleichs sollen Abweichungen festgestellt, die entsprechenden Ursachen erfasst und anschließend beseitigt werden.

Um Arbeitsprozesse im eigenen Arbeitsbereich zu reflektieren und anschließend Maßnahmen zur Optimierung vorschlagen zu können, müssen die Abläufe im Betrieb kritisch hinterfragt werden. Dazu geht man im Rahmen der Ablauforganisation idealtypisch in den folgenden sechs Schritten vor.

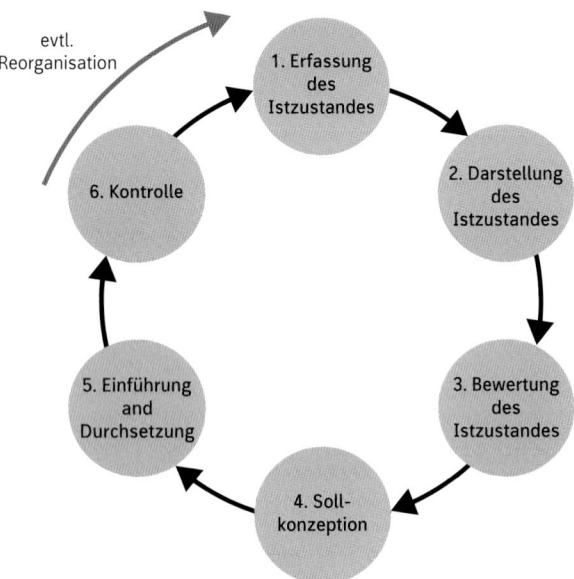

6.1 Methoden der Arbeitsorganisation

Im Berufsleben ist es immer wichtiger, sich Methoden anzueignen, die die eignen kreativen Möglichkeiten steigern: Einfallsreichtum (**Kreativität**), Improvisationsfähigkeit und schöpferische Fähigkeiten werden auch in kaufmännischen Berufen eine immer wichtigere Rolle spielen. Dabei helfen z. B. folgende Methoden:

⇢ Das **Brainstorming** (frei übersetzt: Gehirnstürmen) ist ein Verfahren zur Problemlösung und zur Ideenfindung: In einer Gruppe wird versucht, zu einer vorher festgelegten Fragestellung möglichst kreative Antworten zu erhalten. Dabei gelten folgende Regeln:
- Jede Idee ist erwünscht und sei sie noch so ausgefallen.
- Die geäußerten Ideen können aufgegriffen und abgeändert werden.
- Eine Bewertung und Kritik der Beiträge ist nicht zugelassen, um den Ideenfluss nicht einzuschränken.
- Die Ideen müssen festgehalten werden.
- Im Nachhinein erfolgt eine Auswertung im Rahmen einer Diskussion durch Beurteilung.

⟶ Das **Mindmapping** ist eine Arbeitstechnik, bei der Notizen und Gedanken, Gespräche und Ideen auf einfache Weise in einer Mindmap aufgeschrieben werden.

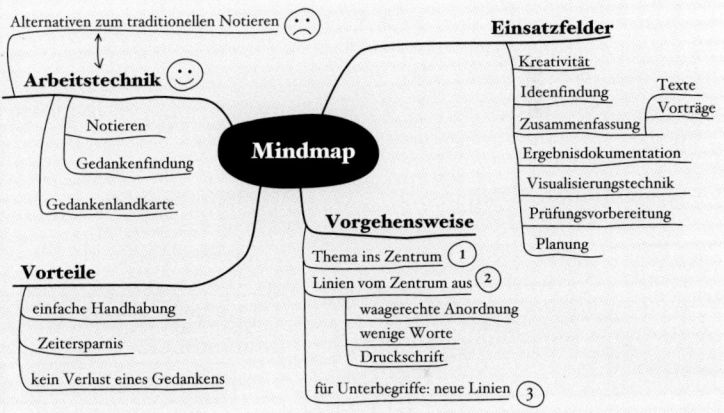

⟶ Bei der **Kartenabfrage** werden alle Mitglieder einer Gruppe an der Lösung eines Problems beteiligt werden, indem möglichst viele Lösungsvorschläge erfasst werden. Die folgenden Regeln sind zu beachten:

- Ausgangs- oder Leitfrage werden an einer Pinnwand oder Tafel notiert.
- Antworten werden in Druckbuchstaben mit möglichst wenig Worten auf die zur Verfügung gestellten Karten geschrieben (pro Karte nur eine Aussage).
- Karten werden eingesammelt, vorgelesen und an die Pinnwand bzw. Tafel mit der Ausgangsfrage befestigt.
- Die Karten werden in gemeinsamer Diskussion nach akzeptierten (von allen anerkannten) Merkmalen in Gruppen zusammengefasst. Zu diesen Gruppen werden Oberbegriffe gefunden. Diesen Vorgang nennt man **Clustern**.
- Anschließend erfolgt eine Diskussion der einzelnen Lösungsansätze.
- Falls sehr viele Äußerungen vorhanden sind, bietet sich eine Punktabfrage an, um die Wertigkeit der Meinungen festzulegen. Alle Teilnehmenden erhalten je drei bis fünf Klebepunkte und dürfen diese auf die für sie wichtigsten Cluster oder Karten kleben.

6.2 Teamarbeit

Damit die **Teamarbeit** funktioniert, sollten folgende Mindestvoraussetzungen für die gemeinsame Arbeit beachtet werden:

--→ eine gut funktionierende Gruppenkommunikation
--→ die Bereitschaft und der Wille jeder einzelnen Person, sich in der Gruppe zu engagieren
--→ die Bereitschaft und der Wille jeder einzelnen Person, die eigenen Fähigkeiten zu erproben

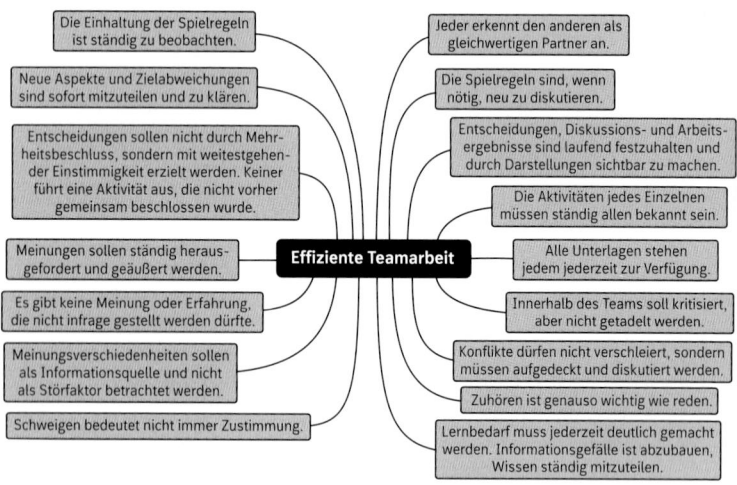

In Unternehmen treten immer wieder Konflikte auf. Solche Spannungen und Auseinandersetzungen zwischen einzelnen Beschäftigten, Arbeitsgruppen oder Abteilungen können durch wirkungsvolles **Konfliktmanagement** früher erkennbar, überschaubarer und leichter handhabbar werden.

Konflikte werden oftmals als Störungen gesehen. Konflikte und Widerstände können jedoch auch als Motor von Lebendigkeit und Weiterentwicklung verstanden werden.

Vorgehensweise im allgemeinen Konfliktfall	
Wahrnehmen	⇢ Der Konflikt muss natürlich erst einmal erkannt werden.
	⇢ Welche direkten oder indirekten Parteien befinden sich in welcher Eskalationsstufe?
	⇢ Wer ist direkt betroffen,wer ist indirekt betroffen und wer fühlt sich betroffen?
Austragen	⇢ Der Konflikt darf nicht verschwiegen werden. Er muss offen angegangen werden.
	⇢ Der Konflikt sollte geregelt ausgetragen werden, sonst besteht die Gefahr der späteren Konfliktsteigerung.
Lösen	⇢ Keine der Parteien sollte mit dem Gefühl der Unterlegenheit aus dem Konflikt hervorgehen.
	⇢ Eine kooperative Problemlösung sollte angestrebt werden.
Nacharbeiten	⇢ Eine nachträgliche Konfliktanalyse zeigt eventuell ständig bestehendes Konfliktpotenzial oder zumindest Parallelen auf.
	⇢ Die Parteien müssen sich an die Vereinbarungen halten.
	⇢ Ein Lerneffekt sollte folgen.

6.3 Präsentationstechniken

Oft müssen Präsentationstechniken im Berufsleben angewendet werden. Jede **Präsentation** hat einen bestimmten Ablauf:

Durchführung der Präsentation	
Schritte der Präsentation	Zeitantell
Einleitung	ca.15 %
⇢ Begrüßung ⇢ Thema/Inhalt/Ablauf ⇢ Anwärmen	
Hauptteil	ca.75 %
⇢ Gliederung der Inhalte ⇢ logischer Aufbau ⇢ Medien/Visualisierung	
Schluss	ca.10 %
⇢ Zusammenfassung ⇢ Aufforderung/Appell	

Wichtig ist, dass die Präsentation zur Zielgruppe adressatengerecht passt. Dabei ist zu überlegen, ob die Zuhörer ein Handout erhalten sollen.

Die Inhalte einer Präsentation sollten durch eine grafische Darstellung veranschaulicht werden. Dafür stehen verschiedene Präsentationsmedien zur Verfügung (White Board, Plakat, Folie, PowerPoint-Präsentation usw.). Für eine solche Visualisierung gelten folgende Regeln:

--→ Wesentliches prägnant (knapp und treffend) darstellen.
--→ Die Inhalte müssen für Zuhörer leicht erkennbar und lesbar sein.
--→ Deutlich gliedern
--→ Mit Stift, Zeigestock oder Laserpointer auf Sachverhalte zeigen, statt mit dem Finger.

B

KAUFMÄNNISCHE STEUERUNG VON GESCHÄFTSPROZESSEN

Teil 2 der gestreckten Abschlussprüfung

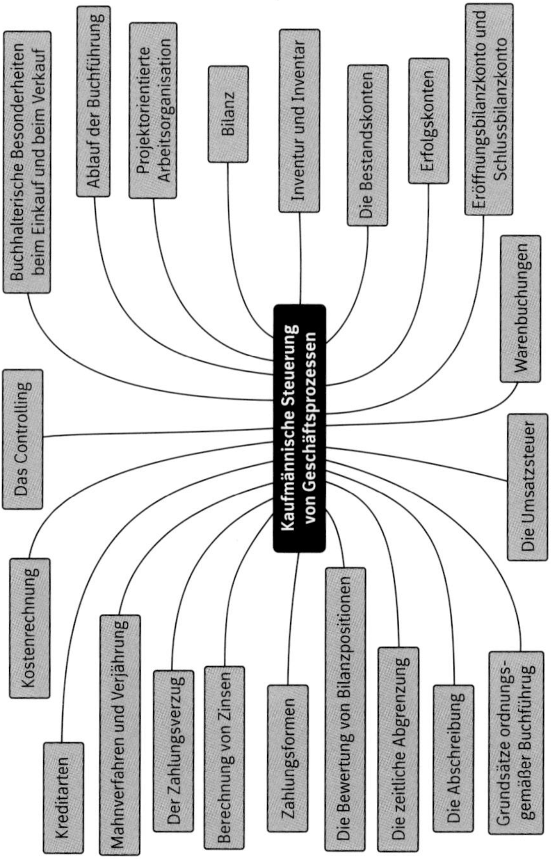

Kaufmännische Steuerung von Geschäftsprozessen

- Buchhalterische Besonderheiten beim Einkauf und beim Verkauf
- Ablauf der Buchführung
- Projektorientierte Arbeitsorganisation
- Bilanz
- Inventur und Inventar
- Die Bestandskonten
- Erfolgskonten
- Eröffnungsbilanzkonto und Schlussbilanzkonto
- Warenbuchungen
- Die Umsatzsteuer
- Grundsätze ordnungsgemäßer Buchführung
- Die Abschreibung
- Die zeitliche Abgrenzung
- Die Bewertung von Bilanzpositionen
- Zahlungsformen
- Berechnung von Zinsen
- Der Zahlungsverzug
- Mahnverfahren und Verjährung
- Kreditarten
- Kostenrechnung
- Das Controlling

1 Inventur und Inventar

Nach dem Handelsgesetzbuch sind alle Kaufleute verpflichtet, Inventuren durchzuführen.

1.1 Inventur

Bei einer **Inventur** wird der tatsächliche Bestand des Vermögens und der Schulden zu einem bestimmten Zeitpunkt mengen- und wertmäßig erfasst.

Die Inventur erfolgt durch

- zählen,
- messen,
- wiegen
- oder schätzen.

Der Gesetzgeber schreibt vor, dass eine Inventur zu bestimmten Zeitpunkten durchzuführen ist:

- einmal am Ende des Geschäftsjahres (am sogenannten Bilanzstichtag)
- bei Gründung eines Unternehmens
- wenn ein Unternehmen aufgelöst oder übernommen wird.

1.2 Inventar

Das übersichtlich zusammengestellte wertmäßige Ergebnis einer Inventur ist das **Inventar**. Ein Inventar ist das Verzeichnis über die tatsächlich vorhandenen Vermögens- und Schuldenwerte an einem bestimmten Tag.

Ein Inventar besteht aus drei Teilen.

- Das **Vermögen** zeigt an, welche Gegenstände in einem Unternehmen vorhanden sind.
  - Zum **Anlagevermögen** gehören alle Vermögensposten, die dem Unternehmen langfristig dienen. Es sind Wirtschaftsgüter, die nur langsam verbraucht werden. Hierzu gehören z. B. Grundstücke und Gebäude, Maschinen, der Fuhrpark sowie die Betriebs- und Geschäftsausstattung. Das Gebäude eines Unternehmens soll langfristig genutzt werden, deshalb gehört es zum Anlagevermögen.
  - Beim **Umlaufvermögen** handelt es sich um Vermögensposten, die sich rasch und kurzfristig ändern. Sie werden laufend umgesetzt. Zum Umlaufvermögen gehören also Waren, Forderungen, Kassenbestände, Bankguthaben.

- Die einzelnen Vermögensposten sowohl des Anlagevermögens als auch des Umlaufvermögens sind nach ihrer **Liquidität** geordnet. Liquidität heißt übersetzt „Flüssigkeit": Die Reihenfolge der Vermögensposten ergibt sich danach, wie schnell ein Vermögensposten bei der Auflösung eines Unternehmens zu Bargeld gemacht werden kann.

⇥ Der zweite Teil des Inventars informiert über die **Schulden**. Dieser Teil gibt Auskunft darüber, in welcher Höhe fremde Mittel im Unternehmen stecken, d. h., wie viel fremdes Kapital die Anschaffung der Vermögensposten finanziert hat. Die Schulden werden in langfristige und Kurzfristige Schulden eingeteilt.

- **Langfristige Schulden** sind solche, in der Regel eine Laufzeit von mehr als vier Jahren haben. Dies können z. B. Darlehen oder Hypotheken sein.
- **Kurzfristige Schulden** sind Verbindlichkeiten gegenüber Lieferanten und sonstige Verbindlichkeiten.

Die Schulden sind nach dem Zeitpunkt der **Fälligkeit** angeordnet.

⇥ Der dritte Teil des Inventars ist das **Reinvermögen**. Das Reinvermögen ist das **Eigenkapital**. Ablesen lässt sich aus der Höhe des Reinvermögens also, wie viele eigene Mittel im Unternehmen stecken. Das Reinvermögen wird ermittelt, indem die Schulden vom Vermögen abgezogen werden.

Beispiel: *In einem Unternehmen werden 160 000,00 € Schulden vom Vermögen in Höhe von 400 000,00 € abgezogen. Das Reinvermögen des Unternehmens beträgt dann 240 000,00 €. Das Vermögen in Höhe von 400 000,00 € ist mit 240 000,00 € aus eigenen Mitteln aufgebaut worden. Der Rest ist mit fremden Mitteln – dies sind die Schulden – in Höhe von 160 000,00 € finanziert worden.*

2 Bilanz

Unternehmen haben neben der Aufstellung des Inventars noch eine zweite Pflicht: Sie müssen gleichzeitig eine **Bilanz** vorlegen.

2.1 Unterschied zwischen Bilanz und Inventar

Es gibt mehrere Unterschiede zwischen Bilanz und Inventar.

Der erste Unterschied liegt darin, dass in der Bilanz – für ein und dasselbe – andere Begrifflichkeiten verwendet werden als im Inventar:

--→ Mittel von Personen außerhalb des Unternehmens, die irgendwann zurückgezahlt werden müssen, heißen im Inventar Schulden. Die Bilanz dagegen spricht von Fremdkapital. Die eigenen Mittel, die im Unternehmen stecken, werden im Inventar mit Reinvermögen bezeichnet. Die Bilanz dagegen spricht von Eigenkapital.

--→ Der zweite Unterschied zwischen Bilanz und Inventar liegt in der jeweils anderen Form: Beim Inventar stehen das Vermögen, die Schulden und das Reinvermögen untereinander. Dies nennt man **Staffelform**. Bei der Bilanz dagegen steht das Vermögen auf der linken Seite, dem Fremdkapital (also den Schulden) und dem Eigenkapital (Reinvermögen) gegenüber: Dies nennt man **Kontoform**. Die linke Seite einer Bilanz wird Aktivseite (oder Aktiva), die rechte Seite Passivseite (bzw. Passiva) genannt.

--→ Der dritte Unterschied liegt in der Übersichtlichkeit: Beim Inventar wird jede einzelne Position detailliert beschrieben und einzeln aufgeführt. Das Inventar ist damit sehr genau, dafür aber vergleichsweise unübersichtlich. Bei der Bilanz werden nur die zusammengefassten Werte der einzelnen Positionen aufgeführt. Im Vergleich zum erheblich unübersichtlicheren Inventar erkennt man bei der Bilanz auf den ersten Blick die Zusammensetzung des Vermögens und die Zusammensetzung des Kapitals.

2.2 Aktivseite und Passivseite der Bilanz

Die Bilanz bietet viele Informationen auf einen Blick:

In jedem Unternehmen steckt eine bestimmte Menge an finanziellen Mitteln. Die Bilanz informiert jeden Interessierten in diesem Zusammenhang schnell auf einen Blick über die Aktivseite und die Passivseite.

In einem Unternehmen stecken beispielsweise 1 418 000,00 €. Die Aktivseite der Bilanz beantwortet die Frage: *Wofür wird das im Unternehmen steckende Geld verwendet?* Es geht also um die Verwendung der finanziellen Mittel im Unternehmen. Man sieht, wie viel von den 1 418 000,00 € in die Betriebs- und Geschäftsausstattung gesteckt wurde, wie viel jeweils im Warenbestand stecken und welcher Anteil davon in der Kasse bzw. auf dem Bankkonto liegen.

Die **Passivseite** beantwortet die Frage: *Woher kommen die finanziellen Mittel, die im Unternehmen stecken?* Es geht um die Mittelherkunft: Ersichtlich wird, wie viel von den 1 418 000,00 € der oder die Unternehmer als eigene Mittel in das Unternehmen gesteckt haben. Dies wird ersichtlich, aus der Bilanzposition Eigenkapital. Ebenfalls zu erkennen ist, wie viel von den 1 418 000,00 € das Unternehmen von betriebsfremden Personen beschafft hat. Dies ist ersichtlich aus den Positionen des Bilanzbereiches Fremdkapital.

Weil es auf beiden Seiten der Bilanz um das im Unternehmen steckende Geld geht, müssen auch beide Seiten der Bilanz gleich groß sein. Diese zusammenfassenden Beträge jeweils auf der Aktivseite bzw. der Passivseite nennt man **Bilanzsummen**.

Wie ist nun eine Bilanz aufgebaut?

Auf der linken Seite, also auf der Aktivseite, werden die Bestandteile des Vermögens aufgeführt. Das Vermögen teilt sich ähnlich wie beim Inventar in das Anlagevermögen und das Umlaufvermögen.

Die Passivseite teilt sich in das Eigenkapital und das Fremdkapital. Das Eigenkapital entspricht dem Reinvermögen des Inventars.

2.3 Geschäftsfälle und Veränderungen der Bilanz

Vergleicht man die Bilanz des Vorjahres eines Unternehmens mit der Bilanz des aktuellen Jahres, sieht man größere Veränderungen. Diese Veränderungen sind durch Geschäftsfälle zustande gekommen.

Geschäftsfälle – oft auch Geschäftsvorfälle genannt – sind Vorgänge in einem Unternehmen, die Einfluss auf die Vermögenssituation des Unternehmens haben. Dabei muss das Vermögen nicht zwingend größer oder kleiner werden, es kann auch in der Zusammensetzung verändert werden. Ein Geschäftsfall ist also ein Vorgang, bei dem in irgendeiner Weise das Kapital und/oder das Vermögen des Unternehmens verändert werden.

Jeder Geschäftsfall verändert die Bilanz.

Dabei sind vier Grundfälle denkbar:

⇢ Beim **Aktivtausch** kommt es lediglich zu einer Veränderung auf der Aktivseite der Bilanz. Dabei nimmt ein Posten des Vermögens zu. Ein anderer Posten des Vermögens nimmt dagegen im gleichen Wert ab.

 Beispiel: *Ein Unternehmen kauft Ware und bezahlt diese bar. Der Wert des Aktivposten Ware nimmt zu, der Wert des Aktivposten Kasse nimmt gleichzeitig dagegen im gleichen Umfang ab.*

⇢ Beim **Passivtausch** sind zwei Positionen auf der Passivseite der Bilanz berührt. Auch hier bleiben die Bilanzsummen gleich

 Beispiel: *Ein Unternehmen wandelt eine kurzfristige Verbindlichkeit in ein langfristiges Darlehen um. Der Passivposten Darlehen nimmt beispielsweise um 5 000,00 € zu, der Passivposten Verbindlichkeiten dagegen wird im gleichen Ausmaß (also um 5 000,00 €) kleiner.*

Der Passivtausch ist gekennzeichnet durch Veränderungen nur auf der Passivseite.

--> Bei einer **Aktiv-Passiv-Minderung** werden die Bilanzsummen insgesamt kleiner. Hier kommt es zu Veränderungen auf beiden Seiten der Bilanz: Ein Posten der Aktivseite nimmt um den gleichen Wert ab wie ein anderer Posten der Passivseite.

Beispiel: *Ein Unternehmen tilgt ein Darlehen in Höhe von 4 000,00 €, indem es diesen Betrag vom Bankkonto überweist. Der Bestand der Bilanzposition Darlehen nimmt also um 4 000,00 € ab. Dadurch verringert sich jedoch auch der Wert der Bilanzposition Bank um denselben Betrag.*

--> Auch bei einer **Aktiv-Passiv-Mehrung** kommt es zu Erhöhungen auf beiden Seiten der Bilanz. Dabei nimmt ein Posten der Aktivseite um den gleichen Wert zu wie ein Posten der Passivseite.

3 Die Bestandskonten

Am Anfang eines Geschäftsjahres erstellt jedes Unternehmen eine Bilanz.

Um nicht nach jedem neuen Geschäftsfall eine neue Bilanz erstellen zu müssen, werden die durch Geschäftsvorfälle ausgelösten Wertveränderungen auf verschiedene Bilanzpositionen außerhalb der Bilanz auf Konten erfasst. Für jede Bilanzposition wird ein eigenes **Konto** eingerichtet.

Aufgabe eines Kontos ist es, über den aktuellen Wert der jeweiligen Bilanzposition zu informieren.

Die linke Seite eines Kontos wird Soll-Seite genannt, die rechte Seite Haben-Seite.

3.1 Regeln für Bestandskonten

Für die Konten, die Bilanzpositionen entsprechen – die sogenannten **Bestandskonten** – gelten die folgenden Regeln:

--> Der Anfangsbestand wird auf Bestandskonten immer auf der Seite eingetragen, auf der sich in der Bilanz die entsprechende Bilanzposition befindet.

--> Mehrungen werden auf Bestandskonten immer auf der Seite eingetragen, auf denen sich auch der Anfangsbestand befindet.

--> Wertminderungen müssen bei den Bestandskonten logischerweise immer auf der dem Wertzuwachs entgegengesetzten Seite gebucht werden.

--> Den jeweils aktuellen Bestand – oft auch Endbestand, Schlussbestand oder **Saldo** genannt – erhält man auf Bestandskonten immer auf der Seite, auf der die Minderungen stehen.

Bei jedem Geschäftsfall werden immer mindestens zwei Bilanzpositionen verändert. Dies ist ein ganz wichtiger Grundsatz in der Buchführung!

Für die Bilanzpositionen auf der Aktivseite der Bilanz werden also die sogenannten **aktiven Bestandskonten** gebildet.

Für die Bilanzpositionen auf der Passivseite der Bilanz werden die **passiven Bestandskonten** gebildet.

3.2   Buchen auf Bestandskonten

Beim Buchen auf den Bestandskonten geht man in vier Schritten vor:

Beispiel: *Wareneinkauf auf Ziel*

1. Welche Bilanzpositionen werden von diesem Geschäftsvorfall berührt?
--> Berührt werden die Bilanzpositionen – also Konten – *Ware* und *Verbindlichkeiten*.

2. Um welche Art Konto handelt es sich?
--> *Ware* ist ein aktives Bestandskonto, *Verbindlichkeiten* ein passives.

3. Handelt sich um einen Zugang oder einen Abgang an Werten?
--> Ware: Zugang, Verbindlichkeiten: Zugang

4. Auf welcher Seite des Kontos muss folglich gebucht werden?
--> Da *Ware* ein aktives Bestandskonto ist, bei dem ein Zugang vorliegt, muss nach den Buchungsregeln für Bestandskonten dort im Soll gebucht werden.
--> Da *Verbindlichkeiten* ein passives Bestandskonto ist, bei dem ein Zugang vorliegt, muss dort im Haben gebucht werden.

Um zu einer neuen Bilanz zu kommen, müssen die Konten abgeschlossen werden.

Nach Identifizierung der wertmäßig stärkeren Kontoseite ergibt sich der **Saldo** (Endbestand), wenn man von der Kontosumme die Werte der schwächeren Seite abzieht.

4   Ablauf der Buchführung

In einem Unternehmen fallen ständig Geschäftsvorfälle an. Laut Gesetz müssen diese in der Buchhaltung erfasst werden.

4.1   Belege der Buchführung

Die bei den Geschäftsvorfällen anfallenden Belege sind der Ausgangspunkt der Buchführung.

Beispiele für Belege können sein:

--→ Eingangsrechnungen im Wareneinkauf
--→ Kontoauszüge vom Bankkonto
--→ Kassenbelege (Dies können einerseits Kassenbons bei Barzahlung im Einkauf sein, andererseits aber auch Abrechnungsprotokolle der Kasse beim Barverkauf.)
--→ Bankauszüge
--→ Eigenbelege (Dies sind selbsterstellte Belege, die vom Unternehmen selbst angefertigt werden, wenn im Rahmen eines Geschäftsvorfalls kein Beleg entstanden ist.)

Im Rahmen der Buchführung gilt der Grundsatz: Keine Buchung ohne Beleg!

4.2   Ablauf der Buchführung

Die Buchführung erfolgt im Unternehmen in drei Schritten:

1. Zunächst werden die Belege kontiert. Unter der **Kontierung** versteht man das Festhalten eines Geschäftsvorfalls im Rahmen der Buchhaltung. Dies geschieht, indem ein Kontierungsstempel auf dem Beleg angebracht wird. Solche Stempel werden verwendet, um Rechnungsbeträge auf unterschiedliche Konten aufzuteilen. Im Rahmen der Kontierung wird also mit Hilfe der Kontierungsstempel festgelegt,
   - welche Beträge
   - auf welchen Konten der Bilanz
   - auf welcher Seite gebucht werden.

   Die erste Frage, die bei der Kontierung also beantwortet werden muss, lautet: Welche beiden Konten werden von dem Geschäftsfall berührt? (**Beispiel**: *Der dem Geschäftsfall zugrunde liegende Beleg ist eine Eingangsrechnung.*) Aus einem solchen Kontierungsstempel lässt sich ein **Buchungssatz** ablesen. Ein Buchungssatz ist eine Buchungsanweisung in schriftlicher Form. Ein Buchungssatz hat immer den folgenden Aufbau:
   SOLL-Konto an HABEN-Konto

Beispiel: → *Betriebs- und Geschäftsausstattung an Bank.*

Zuerst wird also das Konto genannt, auf dem links (also im Soll) gebucht wird. Das Wort „an" trennt dann das Konto mit der Soll-Buchung von dem Konto mit der Haben-Buchung. Nach dem Wort „an" wird folglich das Konto aufgeführt, auf dem rechts (also im Haben) gebucht wird.

2. Der zweite Schritt im Rahmen der Buchführung ist die Grundbucheintragung. Im **Grundbuch** (Journal) erfolgt die Aufzeichnung aller Geschäftsvorfälle in zeitlicher Reihenfolge. Das Grundbuch enthält eine Auflistung aller zu tätigen Buchungssätze. Das Grundbuch ist also Grundlage jeder Buchführung.

3. Der dritte Schritt der Buchführung ist die Buchung im **Hauptbuch**. Die im Grundbuch erfassten Daten werden in das Hauptbuch übernommen. Im Hauptbuch werden alle Geschäftsvorfälle systematisch und dem sachlichen Grunde nach eingetragen. Das Hauptbuch enthält alle Sachkonten.

Es gilt der Grundsatz: Jede Buchung im Grundbuch muss auf den entsprechenden Sachkonten des Hauptbuchs erfasst werden.

Der Buchungssatz aus unserem Beispiel wurde also im Hauptbuch zu den folgenden Eintragungen auf dem Konten *Betriebs- und Geschäftsausstattung* sowie *Bank* führen.

5 Erfolgskonten

Jedes Unternehmen möchte Gewinn erzielen. Tatsächlich erzielt jedes Unternehmen entweder Gewinne oder es hat Verluste.

Ein **Gewinn** liegt vor, wenn das Eigenkapital von Anfang des Jahres bis zum Ende des Jahres größer geworden ist.

Geschäftsvorgänge, die dazu führen, dass sich das Eigenkapital vermehrt, werden **Erträge** genannt. Erträge sind also Mehrungen des passiven Bestandskontos Eigenkapital. Typische Beispiele für Erträge sind Mieterträge in Form von Mieteinnahmen.

Geschäftsfälle, die das Eigenkapital dagegen mindern, werden **Aufwendungen** genannt. Aufwendungen sind also Minderungen des passiven Bestandskontos Eigenkapital. Typische Beispiele für Aufwendungen sind Personalkosten, die für Löhne und Gehälter entstehen.

5.1 Erfolgsermittlung

Es hat sich gezeigt, dass eine Erfolgsermittlung direkt über das Konto Eigenkapital in der Unternehmenspraxis unpraktikabel ist. Unternehmen brauchen aber detaillierte Informationen, um Veränderungen des Eigenkapitals nachvollziehen zu können. Dies wird erreicht durch Verwendung spezieller **Erfolgskonten.** Bei der Erfolgsermittlung mithilfe von Erfolgskonten werden ausgehend vom Konto Eigenkapital Aufwandskonten und Ertragskonten gebildet:

⇢ **Aufwandskonten** erfassen Veränderungen auf der Sollseite des Eigenkapitalkontos. Fällt im Unternehmen ein Aufwand an, wird dieser auf der Sollseite des entsprechenden Aufwandskontos erfasst. Alle Aufwendungen – später auch alle Erträge – werden über ein spezielles Sammelkonto abgeschlossen: Dies ist das **Gewinn- und Verlustkonto**, das oft mit GuV abgekürzt wird. Da der Saldo im Haben angefallen ist, muss der entsprechende Aufwand im Gewinn- und Verlustkonto im Soll gebucht werden.

⇢ **Ertragskonten** erfassen Veränderungen auf der Habenseite des Eigenkapitalkontos. Erträge werden immer im Haben gebucht. Der Saldo – der Endbestand – auf einem Ertragskonto ergibt sich dann auf der Soll-Seite. Abgeschlossen wird das Ertragskonto wieder über das Gewinn- und Verlustkonto.

Auf dem Gewinn- und Verlustkonto ausgewiesene Gewinne werden auf das Eigenkapitalkonto übertragen.

5.2 Das Gewinn- und Verlustkonto

Gewinne werden auf dem Gewinn- und Verlustkonto im Soll gebucht. Sie müssen deshalb auf dem Eigenkapitalkonto als Mehrung im Haben gebucht werden.

Der Gewinn (also der Saldo auf dem Gewinn- und Verlustkonto) vergrößert in unserem Beispiel das Eigenkapital um 2 000,00 €.

In einer Gewinnsituation ergibt sich auf der Sollseite des neuen Eigenkapitalskontos der Endbestand. Dies ist das neue – in diesem Fall vergrößerte – Eigenkapital. Dieser Wert kann nun als neuer Bestand für das Eigenkapital an die neue Bilanz übertragen werden.

5.3 Die Regeln der Buchführung im Überblick

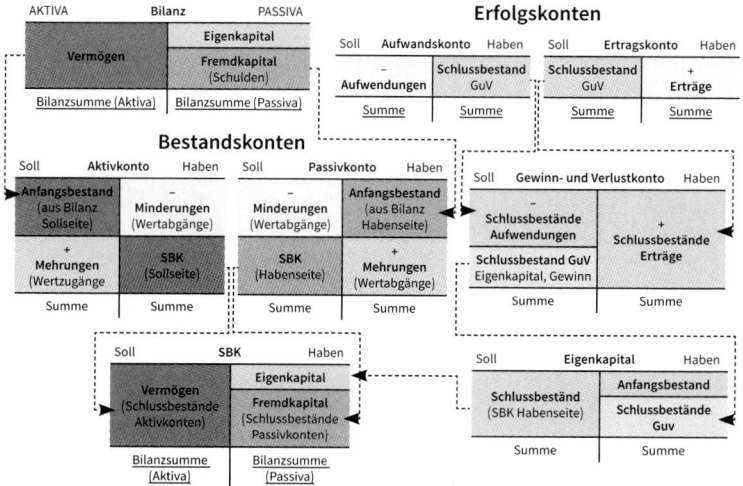

6 Warenbuchungen

Um Warenbuchungen erfolgswirksam durchführen zu können, verwendet ein Groß-handelsunternehmen drei verschiedene Konten. Diese Konten nennt man **Waren-konten**:

→ Auf dem Aufwandskonto Aufwendungen für Waren werden alle Wareneinkäufe zu den jeweiligen Bezugspreisen gebucht.

→ Das Ertragskonto Umsatzerlöse erfasst die Warenverkäufe (zum jeweiligen Nettoverkaufspreis).

→ Das Bestandskonto Warenbestand erfasst den Anfangsbestand am Anfang des Geschäftsjahres und den Schlussbestand der Ware an dessen Ende. Eine Bestandsmehrung liegt vor, wenn der Schlussbestand größer ist als der Anfangs-bestand, eine Bestandsminderung im umgekehrten Fall.

7 Grundsätze ordnungsgemäßer Buchführung

Unternehmen müssen für die Ordnungsmäßigkeit der Buchführung sorgen. Nur eine ordnungsgemäße Buchführung besitzt Beweiskraft. Die Buchführung gilt als ordnungsgemäß, wenn sie so beschaffen ist, dass sich ein sachverständiger Dritter (Steuerberater, Betriebsprüfer des Finanzamtes) in angemessener Zeit einen Überblick über die Geschäftsfälle und die Lage des Unternehmens verschaffen kann.

Ein Unternehmen muss also die **Grundsätze ordnungsgemäßer Buchführung** einhalten:

-→ Die Bücher und Aufzeichnungen sind so zu führen, dass sie einen Überblick über die Geschäftsfälle vermitteln können.
-→ Keine Buchung ohne Beleg.
  Geschäftsfälle sollen in ihrer Entstehung und Abwicklung nachvollziehbar sein.
-→ Die Bücher und Aufzeichnungen sind in einer lebenden Sprache zu führen.
-→ Die Eintragungen sollen fortlaufend (d. h. der Zeitfolge nach geordnet), vollständig, richtig und zeitgerecht vorgenommen werden.
  Alle Bareingänge und Barausgänge sind täglich einzeln festzuhalten.
-→ Die Bezeichnung der Konten soll erkennen lassen, welche Geschäftsfälle auf dem betreffenden Konto verbucht werden.
-→ Die zu den Büchern und Aufzeichnungen gehörigen Belege sollen derart geordnet aufbewahrt werden, dass die Überprüfung der Eintragungen jederzeit möglich ist. Bilanzen, Inventare und Gewinn- und Verlustrechnungen sind 10 Jahre aufzubewahren.
-→ Buchungsbelege sind alle Unterlagen über die einzelnen Geschäftsvorfälle. Sie bilden die Grundlage der Eintragungen in die Bücher und Aufzeichnungen. Soweit Buchführungs- und Aufzeichnungspflichten bestehen, müssen die dazugehörigen Belege 10 Jahre aufbewahrt werden.
-→ Es dürfen keine leicht entfernbaren Schreibmittel (z. B. Bleistift) verwendet und keine leeren Zwischenräume gelassen werden. Der ursprüngliche Inhalt einer Eintragung darf nicht durch Durchstreichen oder z. B. Radieren unleserlich gemacht werden.
-→ Der Zusammenhang zwischen den einzelnen Buchungen sowie der Zusammenhang zwischen Buchungen und Belegen soll durch gegenseitige Verweise erkennbar sein.

8 Eröffnungsbilanzkonto und Schlussbilanzkonto

8.1 Eröffnungsbilanzkonto

Ein **Eröffnungsbilanzkonto (EBK)** dient zur Eröffnung der Bestandskonten.

Die Anfangsbestände der Eröffnungsbilanz sind mithilfe des Eröffnungsbilanzkontos (EBK) auf die aktiven und passiven Bestandskonten zu übertragen. Es handelt sich dabei gewissermaßen um ein Hilfskonto zwischen der Eröffnungsbilanz und den Bestandskonten.

Das EBK ist „gespiegelt", damit man die Konten richtig eröffnen kann. Das Konto Bank steht im EBK auf der Habenseite, um den Anfangsbestand auf dem Bankkonto auf die Sollseite verbuchen zu können.

Unterschiede zwischen dem EBK (Eröffnungsbilanzkonto) und der Eröffnungsbilanz:

→ Die Eröffnungsbilanz dient aufgrund gesetzlicher Vorschriften der Information Außenstehender. Das EBK ist eine interne Informationsquelle.
→ Die Eröffnungsbilanz unterliegt strengen Gliederungsvorschriften, das EBK nicht.
→ Das EBK ist das Ergebnis der reinen Buchführung. Die Eröffnungsbilanz ist neben dem Inventar das Ergebnis der Inventur: Hier werden auch noch Differenzen eingearbeitet.

8.2 Schlussbilanzkonto

Das **Schlussbilanzkonto (SBK)** ergibt sich aus den Endbeständen (Salden) der Bestandskonten. Der Abschluss der Bestandskonten erfolgt also über das Schlussbilanzkonto (SBK).

Es wird beim Abschluss die Buchführungsregel

SOLL

an HABEN

eingehalten.

Das Schlussbilanzkonto (SBK) ergibt sich zunächst aus den Endbeständen (Salden) der Bestandskonten. Es ist das Ergebnis der internen Buchführung des Betriebs. Das SBK ist das Konto, das nur zum Abschluss der Konten benötigt wird – sonst hätte die Doppik

(= das System der doppelten Buchführung) Brüche. Das SBK besteht als „normales" Konto aus einer Soll- und einer Haben-Seite.

In die Schlussbilanz fließen noch die Ergebnisse der Inventur ein. Die Schlussbilanz dagegen dient der Information externer Anspruchsgruppen. Die Schlussbilanz unterliegt strengen Gliederungs- und Formvorschriften. Dazu gehören auch die Unterschrift des Kaufmanns bzw. der Kauffrau und die Angabe des Ortes und des Datums.

9 Die Umsatzsteuer

Der Staat erhebt auf jeder Wirtschaftsstufe eine Steuer auf den dort angefallenen **Mehrwert**. Für deren Buchung werden im Großhandelsunternehmen zwei Konten geführt:

⇢ Das Konto „**Umsatzsteuer**" stellt ein passives Bestandskonto dar, weil hier eine Verbindlichkeit gegenüber dem Finanzamt vorliegt. Auf diesem Konto werden somit die Umsatzsteuerbeträge in Ausgangsrechnungen gebucht.

⇢ Das Konto „**Vorsteuer**" erfasst die Forderung gegenüber dem Finanzamt. Bei der Vorsteuer handelt sich somit um die Umsatzsteuer in Eingangsrechnungen.

Die Differenz zwischen der Umsatzsteuer aus Ausgangsrechnungen und der Vorsteuer aus Eingangsrechnungen bezeichnet man als **Zahllast**. Sie wird im Regelfall bis zum 10. des Folgemonats an das Finanzamt abgeführt. Buchhalterisch wird die Zahllast ermittelt, indem (die Umsatzsteuerbeträge sind höher als die Vorsteuer) das Konto Vorsteuer über das Konto Umsatzsteuer abgeschlossen wird. Am 31. Dezember (dem Bilanzstichtag) wird die Zahllast „passiviert". Im Rahmen des Buchungssatzes „Umsatzsteuer an SBK" wird die Zahllast als Verbindlichkeit gegenüber dem Finanzamt ausgewiesen.

Eine **Aktivierung der Zahllast** liegt vor, wenn am Bilanzstichtag die Vorsteuerbeträge größer sind als die Umsatzsteuerbeträge. Hierbei wird das Umsatzsteuerkonto über das Vorsteuerkonto abgeschlossen. Der sich ergebende Vorsteuersaldo wird als Forderung gegenüber dem Finanzamt in die Bilanz eingestellt.

Der Umsatzsteuer unterliegen in Deutschland alle Lieferungen und Leistungen, die ein Großhandelsunternehmen gegen Entgelt ausführt. Im Normalfall beträgt die Umsatzsteuer 19 %. Für Bücher, Zeitungen Zeitschriften sowie wichtige Nahrungsmittel und landwirtschaftliche Produkte gilt der ermäßigte Steuersatz von 7 %.

Beispiel: *Das Großhandelsunternehmen hat Waren im Wert von 100,00 € netto eingekauft. Diese verkauft es an ein Einzelhandelsunternehmen für netto 140,00 €. Im Groß handelsunternehmen entsteht ein Mehrwert von 40,00 €. Der Staat erhebt darauf 19 % Mehrwertsteuer. Dies sind 7,60 €, die an das Finanzamt abgeführt werden.*

Im Großhandelsunternehmen ergibt sich buchhalterisch folgender Ablauf: In der Waren-eingangsrechnung sind für die 100,00 € Aufwendungen für Ware 19,00 € Mehrwertsteuer ausgewiesen. Diese werden auf dem Konto Vorsteuer gebucht. Insgesamt müssen also an den Lieferanten 119,00 € gezahlt werden.

In der Ausgangsrechnung über den Nettowarenwert von 140,00 € werden dem Kunden noch 19 % Umsatzsteuer in Höhe von 12,60 € berechnet, sodass dieser insgesamt 152,60 € an den Großhändler zu zahlen hat.

Für das Großhandelsunternehmen ist die Umsatzsteuer kein Kostenfaktor, sondern lediglich ein durchlaufender Posten. Die Umsatzsteuer ist eine Verbrauchsteuer, die letztendlich allein die Endverbraucher aufzubringen haben.

10 Die Abschreibung

Viele Anlagegüter, die von Großhandelsunternehmen langfristig genutzt werden, ver-lieren im Zeitablauf an Wert durch Abnutzung beim Gebrauch, natürlichen Verschleiß, manchmal auch durch den technischen Fortschritt oder durch einen bestimmten Mo-dewechsel. Im Rechnungswesen eines Unternehmens werden solche Wertminderun-gen als **Abschreibungen** bezeichnet und in der Buchführung als Aufwand erfasst. An-wendung finden zwei Abschreibungsmethoden:

Bei der **linearen Abschreibung** ist der jährliche Abschreibungsbetrag des Unterneh-mens immer gleich hoch. Der Abschreibungsbetrag berechnet sich, indem man die Anschaffungskosten durch die Nutzungsdauer teilt.

Bei der **degressiven Abschreibung** ergeben sich jährlich kleinere Abschreibungsbeträge: es wird immer ein bestimmter Prozentsatz vom bisherigen Restbuchwert abgeschrieben.

Beispiel: *Eine Großhandlung hat einen Lkw für 60 000,00 € gekauft, der sechs Jahre lang genutzt werden soll. Im Rahmen der linearen Abschreibung ergibt sich ein Abschreibungs-betrag von 10 000,00 € (60 000/6). Nach dem ersten Jahr der Nutzung erfolgt die erste Ab-schreibung. Der Lkw wird nun in der Bilanz mit nur noch 50 000,00 € geführt. Buchhalterisch wird dies durch die Buchung „Abschreibung an Fuhrpark 10 000,00 €" bewirkt.*

11 Die zeitliche Abgrenzung

Im Rahmen der zeitlichen Abgrenzung müssen im Zuge der Jahresabschlussarbeiten Aufwand und Ausgaben, Erträge und Einnahmen jeweils dem richtigen Jahr zugeord-net werden.

Zur zeitlichen Abgrenzung verwendetes Konto	Beispiele	Altes Jahr	Neues Jahr
Sonstige Verbindlichkeiten	*Am Jahresende steht die Rechnung der Stadtwerke für den Monat Dezember aus.* *Nach Ablesen der verschiedenen Stromzähler werden Stromkosten in Höhe von 1 087,00 € ermittelt.*	Aufwand	Ausgabe
Sonstige Forderungen	*Die Bauer KG hat der Hitex GmbH ein Darlehen gewährt. Die Hitex GmbH muss halbjährlich am 30. April und 31. Oktober einen Zinsbetrag in Höhe von 1 600,00 € an die Bauer KG überweisen.*	Ertrag	Einnahme
Aktive Rechnungs-abgrenzung	*Die Versicherungen für die Pkw und Lkw der Bauer KG in Höhe von 8 000,00 € wurden am 1. Oktober für ein Jahr im Voraus überwiesen.*	Ausgabe	Aufwand
Passive Rechnungsabgrenzung	*Die Bauer KG hat ein zu klein gewordenes Lager in Rostock an die Garbers OHG vermietet. Diese zahlt am 1. Dezember die Vierteljahresmiete in Höhe von 18 000,00 € im Voraus.*	Einnahme	Ertrag

Auch das Konto „Rückstellungen" dient der Abgrenzung: **Rückstellungen** sind Verbindlichkeiten, deren Fälligkeit und deren genaue Höhe im Gegensatz zu den Sonstigen Verbindlichkeiten ungewiss sind: Sie sind für Aufwendungen zu bilden, die erfolgswirksam dem alten Jahr zuzurechnen sind, aber wahrscheinlich erst im folgenden Jahr zu Ausgaben führen werden.

12 Die Bewertung von Bilanzpositionen

Eine große Rolle spielt beim Jahresabschluss die **Bewertung von Bilanzpositionen**.

Güter des Anlagevermögens sind mit ihren Anschaffungskosten in der Bilanz anzusetzen.

	Anschaffungs-kosten =	Anschaffungs-preis	– Minderungen des Anschaffungspreises	+ Anschaffungs-nebenkosten
Erläuterung	Kosten für erworbene Anlagegüter beim erstmaligen Ansatz in der Bilanz	Nettolistenein-kaufspreis	Preisnachlässe (Boni, Rabatte, Skonti)	Kosten, die unmittelbar mit der Anschaffung zusammenhängen (Kosten für Montage und Installation, Transportkosten)
Beispiel	= 46 000,00	= 50 000,00	– 5 000,00	+ 1 000,00

Für die Bewertung von Vorräten gilt grundsätzlich das **Niederstwertprinzip**: Wenn die ursprünglichen Anschaffungskosten einer Ware niedriger sind als der Tageswert zum Bilanzstichtag, ist zu Anschaffungskosten zu bilanzieren.

Wenn die ursprünglichen Anschaffungskosten der Ware jedoch höher sind als der Tageswert am Bilanzstichtag, muss der Tageswert in der Bilanz angesetzt werden.

Zudem gilt das Prinzip der **Einzelbewertung**: Jeder Artikel ist einzeln mit seinen jeweiligen Anschaffungskosten in der Bilanz anzusetzen.

Auch die Forderungen werden nach der Sicherheit des Zahlungseinganges bewertet:

Forderungsart	Erläuterung	Konto
Einwandfreie Forderung	Es gibt keinen Anhaltspunkt dafür, dass der Zahlungseingang gefährdet ist. Man kann davon ausgehen, dass die Forderungen in voller Höhe beglichen werden.	1010 Forderungen a. LL
Dubiose (zweifelhafte) Forderung	Es bestehen Zweifel an einem sicheren Zahlungseingang. Es ist mit einem teilweisen oder evtl. sogar vollständigen Forderungsausfall zu rechnen.	1020 Zweifelhafte Forderung
Uneinbringliche Forderung	Der erwartete Zahlungseingang wird mit Sicherheit nicht stattfinden.	2310 Übliche Abschreibungen auf Forderungen

Verändern sich Verbindlichkeiten nach ihrer Erfassung wertmäßig, gilt das **Höchst-wertprinzip**: Stehen mehrere Werte für Verbindlichkeiten zur Wahl, ist aus Vorsichts-gründen der höchste Betrag in der Bilanz anzusetzen.

13 Zahlungsformen

In der Wirtschaft können Kunden und Lieferanten in unterschiedlichen Formen – den sogenannten **Zahlungsformen** – zahlen.

13.1 Barzahlung

Bei der **Barzahlung** gibt die zahlende Person Bargeld in Form von Münzen oder Bank-noten, der Zahlungsempfänger erhält Bargeld. Eine Barzahlung kann nachgewiesen werden durch eine **Quittung**, die mindestens die folgenden Angaben enthalten muss:

--→ Name des Zahlenden
--→ Zahlungsbetrag in Buchstaben und Ziffern
--→ Grund der Zahlung
--→ Ort und Tag der Ausstellung
--→ Empfangsbestätigung
--→ Unterschrift des Zahlungsempfängers

13.2 Halbbare Zahlung

Bei der **halbbaren Zahlung** handelt sich um eine Zwischenstufe zwischen der Barzah-lung und dem bargeldlosen Zahlungsverkehr: entweder der Empfänger eines Zah-lungsvorgangs erhält Bargeld oder der Zahlungspflichtige zahlt Bargeld ein. Der je-weils andere Geschäftspartner besitzt ein Konto, auf dem eine Lastschrift bzw. eine Gutschrift erfolgt. Beispiele für die Halbbare Zahlung sind:

--→ Ausstellung eines Barschecks
--→ Einzahlung von Bargeld mit einem Zahlschein bei einer Bank
--→ Zahlung per Nachnahme

13.3 Bargeldlose Zahlung

Bei der **bargeldlosen Zahlung** wird mit Überweisungen gezahlt. Sowohl der Zahler als auch der Empfänger hat ein Girokonto bei einer Bank oder Sparkasse. Es erfolgt eine Umbuchung von Buchgeld von Konto zu Konto.

Besondere Formen der Überweisung sind:

--→ der **Sammelüberweisungsauftrag** für zusammengefasste Überweisungen an mehrere Zahlungsempfänger
--→ der **Dauerauftrag** für regelmäßige Zahlung in derselben Höhe
--→ das **Lastschriftverfahren** für regelmäßige Zahlungen unterschiedlicher Höhe

14   Berechnung von Zinsen

Werden im Geschäftsverkehr Kredite gewährt, müssen darauf **Zinsen** gezahlt werden. Diese werden nach der Formel berechnet:

$$\text{Zinsen} = \frac{\text{Kapital} \cdot \text{Zinssatz} \cdot \text{Laufzeit in Tagen}}{100 \cdot 360}$$

$$Z = \frac{K \cdot p \cdot t}{100 \cdot 360}$$

Beispiel: *Eine Großhandlung berechnete Zinsen für einen Kredit in Höhe von 8 000,00 € bei einem Zinssatz von 6 % für einen Zeitraum von 80 Zinstagen.*

$$Z = \frac{8\,000,00\ € \cdot 6\,\% \cdot 80\ \text{Tage}}{100 \cdot 360} = 106,67\ €$$

Lieferantenkredite sind zwar sehr bequem, aber in der Regel extrem teuer. In fast allen Fällen lohnt es sich, ein Skonto anzunehmen (und gegebenenfalls sogar dafür für eine kurze Zeit einen Bankkredit aufzunehmen). Dies erkennt man, wenn man die **Effektivverzinsung** berechnet.

Beispiel: Eine Großhandlung erhält eine Eingangsrechnung über 4 350,00 € Metallplatten mit der Zahlungsbedingung „bei sofortiger Zahlung 2 % Skonto oder innerhalb 30 Tagen netto". Zur sofortigen Zahlung fehlt der Großhandlung das Geld, sie muss die Ware weiterverkaufen. Die Großhandlung kann einen Bankkredit aufnehmen zu einem Zinssatz von 11 %.

Rechnungsbetrag	*4 150,00 €*
– 2 % Skonto	*87,00 €*
= Preis bei sofortiger Zahlung	*4 263,00 €*

$$\text{\textit{Kosten des Bankkredits: } } Z = \frac{4\,263,00 \cdot 11 \cdot 30}{100 \cdot 360} = 39,08\ €$$

Die Einsparung bei sofortiger Zahlung beträgt 47,92 € (87,00 € – 39,08 €). Es lohnt sich also, einen Bankkredit aufzunehmen, um den Skonto wahrnehmen zu können.

Dies sieht man auch an dem im Vergleich zum Zins des Bankkredits (11 %) deutlich höheren Effektivzins des Lieferantenkredits (24 %):

30 Tage = 2 %

360 Tage = x Prozent

$$x = \frac{2 \cdot 360}{30} = 24\ \%$$

15   Der Zahlungsverzug

Um Fälle von Zahlungsverzug möglichst gering zu halten, betreiben viele Unternehmen eine systematische Überwachung von Außenständen. Dies wird unterstützt durch **Fälligkeitslisten** bzw. **Offen-Posten-Dateien** in EDV-gestützten Warenwirtschaftssystemen. Mit verschiedenen Maßnahmen wird versucht, Zahlungseingänge zu sichern:

-→ Es erfolgt eine **Bonitätsprüfung**: die Kreditwürdigkeit des Kunden wird eingeschätzt.
-→ Die Zahlungseingänge werden konsequent überwacht.
-→ Es wird mit **Auskunftsstellen** (Inkassobüros und Wirtschaftsauskunfteien wie z. B. Creditreform oder SCHUFA) zusammengearbeitet.
-→ Das Mahnwesen wird optimal organisiert.

Beim **Zahlungsverzug** (Nicht-rechtzeitig-Zahlung) zahlt der Schuldner nicht rechtzeitig oder gar nicht. Voraussetzung dazu sind:

-→ die Fälligkeit
-→ eine Mahnung: grundsätzlich muss immer einer Mahnung erfolgen. Ohne Mahnung kommt der Schuldner nach 30 Tagen automatisch in Verzug. Keine Mahnung ist erforderlich, wenn der Zahlungstermin kalendermäßig bestimmt oder bestimmbar ist.

Der Gläubiger hat folgende Rechte:

-→ Er kann weiter auf Zahlung bestehen. Eventuell kann er Schadensersatz wegen Verzögerung der Zahlung sowie Verzugszinsen verlangen.
-→ Der Gläubiger kann die Zahlung ablehnen. Im Normalfall geht dies nur nach Androhung und Setzen einer angemessenen Nachfrist. Zusätzlich kann er in bestimmten Fällen Schadensersatz statt der Leistung verlangen.

16 Mahnverfahren und Verjährung

16.1 Das außergerichtliche Mahnverfahren

Steht eine Zahlung aus, kann der Gläubiger ein **außergerichtliches Mahnverfahren** einleiten. Der Schuldner erhält dazu vom Gläubiger in abgestufter Form Mahnungen (also Aufforderungen an einen Schuldner, umgehend zu zahlen). Die Mahnungen sind formfrei, sollten aus Beweissicherungsgründen aber schriftlich erfolgen.

Ziele des außergerichtlichen Mahnverfahrens sind:

--→ eine schnelle Zahlung zu bewirken
--→ den Schuldner in Verzug zu setzen

Beim typischen Ablauf eines außergerichtlichen Mahnverfahrens werden mehrere Mahnschreiben (beginnend mit einem sehr höflichen Schreiben bis hin zu einer verschärften Mahnung) an den Schuldner geschickt.

16.2 Das gerichtliche Mahnverfahren

War das außergerichtliche Mahnverfahren erfolglos, kann ein Unternehmen versuchen, mit dem **gerichtlichen Mahnverfahren** die ausstehenden Zahlungen einzutreiben und damit einen Gerichtsprozess zu verhindern.

--→ Dazu reicht der Gläubiger einen Antrag auf Erlass eines Mahnbescheids beim zuständigen Amtsgericht ein. Dies kann er mit einem offiziellen Vordruck oder online machen.
--→ Das Amtsgericht stellt dem Schuldner den Mahnbescheid zu, mit dem dieser aufgefordert wird, den offenstehenden Zahlungsbetrag zu begleichen. Dabei findet weder eine Prüfung der Rechtmäßigkeit der Forderung noch eine Beweiserhebung durch das Amtsgericht statt.
--→ Innerhalb einer zweiwöchigen Widerspruchsfrist hat der Schuldner drei Möglichkeiten:
  - Der Schuldner zahlt, womit das Verfahren seinen Zweck erfüllt hat.
  - Der Schuldner reagiert nicht. In diesem Fall kann der Gläubiger nach Ablauf einer Widerspruchsfrist einen Vollstreckungsbescheid beantragen. Dadurch erhält der Gläubiger einen (einem Gerichtsurteil entsprechenden) Vollstreckungstitel. Auch damit hat das Verfahren seinen Zweck erfüllt.
  - Der Schuldner legt Widerspruch ein. In diesem Fall kann ein Klageverfahren beginnen.

16.3 Verjährungsfristen

Bei der Überwachung ausstehender Zahlungen müssen **Verjährungsfristen** beachtet werden. Verjährung bedeutet, dass der Schuldner nach Ablauf der Verjährungsfrist die Leistung (z. B. eine Zahlung) verweigern kann. In diesem Fall kann der Gläubiger keine rechtlichen Mittel mehr ergreifen. Die Forderung als solche bleibt aber bestehen. Leistet ein Schuldner in Unkenntnis, kann der Zahlungsbetrag nicht zurückgefordert werden.

Die **regelmäßige Verjährungsfrist** beträgt drei Jahre. Die Berechnung erfolgt ab Ende des Jahres, in dem der Anspruch entstand. Der Endzeitpunkt der Verjährung kann hinausgeschoben werden durch

⇢ Hemmung der Verjährung: die Verjährungsfrist wird verlängert um die Zeitspanne der Hemmung, z. B. durch
  - Maßnahmen der Rechtsverfolgung
  - Verhandlung über die Forderung
⇢ Neubeginn der Verjährung: die Verjährungsfrist beginnt neu ab der Unterbrechung, z. B. durch:
  - Anerkennung der Forderung durch den Schuldner
  - Beantragung der Durchführung einer gerichtlichen Vollstreckungshandlung durch den Gläubiger.

17 Kreditarten

Es gibt unterschiedliche **Kreditarten**.

17.1 Kreditarten nach Verfügbarkeit

Nach der Verfügbarkeit können unterschieden werden:

⇢ Beim **Kontokorrentkredit** räumt der Kreditgeber dem Kreditnehmer einen bestimmten Höchstbetrag ein, die sogenannte **Kreditlinie**, bis zu der das Konto des Kreditnehmers überzogen werden kann.
⇢ Ein **Darlehen** ist in der Regel ein langfristiger Kredit, bei dem ein Geldbetrag entweder in einer Summe oder in bestimmten Teilbeträgen an einen Schuldner ausgezahlt wird.
⇢ Bei einem **Lieferkredit** vereinbart der Einkäufer von Waren mit dem Lieferer ein **Zahlungsziel**. Dies ist eine Frist, die der Lieferer für die Bezahlung der Rechnung setzt. Der Lieferer gewährt dem Käufer also einen Kredit für die Zeit bis zum Ablauf

des Zahlungsziels. Zahlt der Kunde die gelieferte Ware deutlich vorher, wird ihm oft ein sogenanntes **Skonto** eingeräumt.

17.2 Kreditarten nach Absicherung

Kreditarten können auch nach der Absicherung unterschieden werden:

-→ Bei einer **Bürgschaft** verpflichtet sich der Bürge in einem Vertrag mit dem Gläubiger, für die Schuld des eigentlichen Kreditnehmers einzustehen.
-→ Eine **Zession** ist die Abtretung von Forderungen des Kreditnehmers gegenüber Dritten (sogenannter Drittschuldner) an einen Kreditgeber zur Absicherung eines von ihm gewährten Kredits.
-→ Beim **Lombardkredit** (oft auch Pfandkredit genannt) bekommt der Kreditgeber vom Kreditnehmer als Sicherheit einen Gegenstand aus dessen beweglichem Vermögen als Pfand.
-→ Auch bei der **Sicherungsübereignung** dienen Gegenstände aus dem beweglichen Vermögen des Kreditnehmers als Kreditsicherung. Sie gehen in das Eigentum des Kreditgebers über. Der Kreditnehmer bleibt aber weiterhin Besitzer: Er übergibt die Sache nicht.
-→ Bei einer **Hypothek** wird unbewegliches Vermögen zur Absicherung meist langfristiger Kredite verpfändet. Die Hypothek wird in ein amtliches Register eingetragen: das Grundbuch. Bei einem durch eine Hypothek abgesicherten Kredit besteht immer noch eine persönliche Haftung des Kreditnehmers.
-→ Bei einer **Grundschuld** dagegen besteht lediglich eine dingliche Haftung: Es haftet nur das Grundstück.

17.3 Vermeidung von Kreditkosten durch Leasing und Factoring

Durch Leasing und Factoring können Kreditkosten vermieden werden.

Leasing ist das Mieten von Gegenständen des Anlagevermögens gegen Entgelt über einen bestimmten Zeitraum. Der Leasinggeber übergibt dem Leasingnehmer ein Anlagegut, dass dieser gegen eine entsprechende **Leasingrate** nutzen darf. Ist die Leasinglaufzeit abgelaufen, muss der Leasingnehmer in der Regel das geleaste Gut zurückgeben. Er kann aber auch den Leasingvertrag verlängern oder das Leasinggut kaufen. Ein **direktes Leasing** liegt vor, wenn ein Hersteller als Leasinggeber auftritt. Ist der Leasinggeber eine vom Hersteller unabhängige Leasinggesellschaft spricht man von indirektem Leasing.

Beim **Factoring** kauft eine Factoringgesellschaft (der **Factor**) die Forderung eines Unternehmens (Factoringkunde) auf, das sofort Zahlungseingänge erhalten möchte.

Gegen eine Factoringsgebühr (zusätzlich muss oft auch noch ein Sicherheitseinbehalt gezahlt werden) bietet der Faktor:

--→ Liquidität: Er zahlt sofort 80–90 % des Forderungsbetrags.
--→ Sicherheit: Er übernimmt das Kreditrisiko (Dekrete).
--→ Service (z. B. Forderungsmanagement/Mahnwesen/Bonitätsprüfung/
   Inkassowesen)

18 Kostenrechnung

Die **Kosten- und Leistungsrechnung** dient überwiegend internen Zwecken. Sie überwacht die Wirtschaftlichkeit der betrieblichen Tätigkeit und ermittelt das Betriebsergebnis.

18.1 Die Kostenartenrechnung

Die **Kostenartenrechnung** als Teilbereich der Kosten- und Leistungsrechnung ermittelt, welche Kosten im Betrieb entstanden sind. Sie trennt zunächst einmal Aufwendungen (Erträge) von Kosten (Leistungen):

Unter **Aufwand** versteht man den gesamten Verzehr von Gütern bzw. Dienstleistung innerhalb eines bestimmten Zeitraums.

In einem ersten Schritt muss von dem gesamten Aufwand der **neutrale Aufwand** abgezogen werden. Zum neutralen Aufwand gehören der betriebsfremde Aufwand, der außerordentliche Aufwand und der periodenfremde Aufwand.

Zieht man vom gesamten Aufwand den neutralen Aufwand ab, bleibt der **Zweckaufwand** übrig. Dieser auch **Grundkosten** genannte Aufwand umfasst die Kosten, die in gleicher Höhe sowohl als Aufwand in der Geschäftsführung eingehen als auch als Kosten in der Kostenrechnung verrechnet werden. Grundkosten sind alle Kosten, die ebenfalls Aufwendungen sind.

Zusatzkosten entstehen, wenn diesen überhaupt kein Aufwand gegenübersteht. Ein Beispiel für Zusatzkosten sind die **kalkulatorischen Abschreibungen**. Der Großhandlung werden vom Gesetzgeber handels- und steuerrechtliche Vorschriften für die Berechnung der Abschreibungshöhe vorgegeben. Oft kann jedoch der Fall eintreten, dass die Abschreibungshöhe im Hinblick auf den tatsächlichen Werteverzehr eines Anlagegutes zu hoch oder zu niedrig ist. Die kalkulatorische Abschreibung sorgt deshalb für eine Erfassung der tatsächlichen Wertminderung der Anlagegüter.

Im Rahmen der Kostenartenrechnung werden die Kosten weiterhin nach verschiedenen Kriterien eingeteilt.

Aufteilung der Kosten nach der Zurechenbarkeit

--→ **Einzelkosten** sind Kosten, die dem einzelnen Kostenträger (z. B. einem Artikel) direkt zugerechnet werden können.

--→ **Gemeinkosten** werden durch mehrere oder alle Kostenträger im Betrieb verursacht, können aber nicht direkt einem Kostenträger zugerechnet werden.

Aufteilung der Kosten nach der Veränderbarkeit des Leistungsumfangs

--→ **Fixe Kosten** bleiben bei Schwankungen der Auslastung konstant.

--→ **Variable Kosten** dagegen verändern sich als mengenabhängige Kosten bei Änderung der Absatzmenge. Bei einer Erhöhung der Absatzmenge steigen somit die variablen Kosten. Verlaufen variable Kosten **proportional**, verändern sich die variablen Kosten im gleichen Verhältnis wie die Absatzmenge. **Degressive** Kosten liegen dagegen vor, wenn die Kosten langsamer als die Absatzmenge steigen. Bei **progressiven** Kosten nehmen die variablen Kosten bei steigender Ausbringungsmenge stärker zu.

18.2 Die Kostenstellenrechnung

Die Kostenstellenrechnung ordnet Kosten den Verursachungsbereichen (= Kostenstellen) im Unternehmen zu. Die **Kostenstellen** werden üblicherweise nach den Funktionsbereichen eingeteilt. Gemeinkosten (= Kosten, die keiner Kostenstelle bzw. keinem Kostenträger direkt zugeordnet werden) werden auf die Kostenstellen umgelegt. Dies geschieht mit dem **Betriebsabrechnungsbogen (BAB)**. Der BAB ist eine tabellarische Übersicht für die interne Kostenverrechnung, mit der die Zuschlagssätze für die Selbstkostenkalkulation gebildet werden können. Ein Betriebsabrechnungsbogen schlüsselt die Kostenarten, die sich auf mehrere Leistungen beziehen, entsprechend ihrer Kostenverursachung auf.

Zur Berechnung der Zuschlagssätze für die einzelnen Kostenstellen gilt allgemein

$$\text{Zuschlagssatz} = \frac{\text{Gemeinkosten}}{\text{Zuschlagsgrundlage}} \cdot 100$$

18.3 Die Kostenträgerrechnung

Im Rahmen der **Kostenträgerrechnung** wird der **Deckungsbeitrag** eines Artikels oder einer Warengruppe ermittelt. Der Deckungsbeitrag ist der Betrag, mit dem einzelne Artikel über Warengruppen eines Sortiments zur Deckung der Fixkosten beitragen. Er wird wie folgt berechnet:

> Nettoverkaufserlöse – variable Kosten = Deckungsbeitrag I
> Deckungsbeitrag I – Erzeugnis fixe Kosten = Deckungsbeitrag II

19 Das Controlling

Controlling leitet sich aus dem englischen „to control" (steuern, überprüfen, lenken) ab. Im Unternehmen sorgt die Controlling-Abteilung dafür, dass die oberen Instanzen (zielgenaue) Entscheidungen treffen bzw. anpassen können. Das Controlling hört nie auf, sondern ist vielmehr ein permanenter Prozess.

Die übergeordneten Aufgaben des Controllings sind:

--> Informieren
--> Analysieren
--> Planen und steuern
--> Überwachen, kontrollieren und beraten.

19.1 Instrumente im Controlling

Instrumente des Controllings sind:

Die **Budgetierung:** Dazu zählen die Planungsaspekte und Prozessschritte für die Erstellung eines Budgets. Unter einem **Budget** werden grundsätzlich Einheiten (z. B. Mengen- und Geldeinheiten) verstanden, die für einen bestimmten Zeitraum, für einen bestimmten Zweck und für eine bestimmte Abteilung zur Verfügung stehen. Das Budget ist das Ergebnis einer Budgetierung.

Ein **Soll-Ist-Vergleich** dient dazu, die geplanten (budgetierten) mit den tatsächlich eingetretenen Werten zu vergleichen. Wird bei einem Soll-Ist-Vergleich eine zu große Abweichung identifiziert, ist es die Aufgabe der Controlling-Abteilung, die Gründe hierfür zu benennen. Neben Fehleinschätzungen kann auch mangelnde Kommunikation bzw. Abstimmung zwischen den Organisationseinheiten während der Planungsphase eine Rolle spielen.

Das **Berichtswesen** – als eine zentrale Aufgabe des Controllings – versteht sich als die systematische Erstellung und Aufbereitung von Informationen, die für die anschließende Entscheidungsfindung bedeutsam ist.

Strategisches vs. operatives Controlling

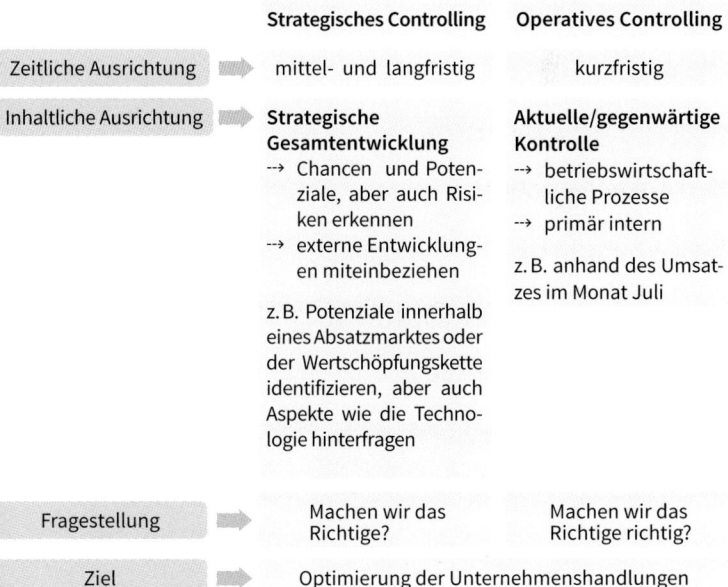

	Strategisches Controlling	Operatives Controlling
Zeitliche Ausrichtung	mittel- und langfristig	kurzfristig
Inhaltliche Ausrichtung	**Strategische Gesamtentwicklung** → Chancen und Potenziale, aber auch Risiken erkennen → externe Entwicklungen miteinbeziehen z. B. Potenziale innerhalb eines Absatzmarktes oder der Wertschöpfungskette identifizieren, aber auch Aspekte wie die Technologie hinterfragen	**Aktuelle/gegenwärtige Kontrolle** → betriebswirtschaftliche Prozesse → primär intern z. B. anhand des Umsatzes im Monat Juli
Fragestellung	Machen wir das Richtige?	Machen wir das Richtige richtig?
Ziel	Optimierung der Unternehmenshandlungen	

19.2 Unternehmenskennzahlen

Sowohl die Bilanz als auch die Gewinn- und Verlustrechnung liefern für das Unternehmen wichtige Informationen in Form von **Kennziffern**. Diese werden oft auch als **KPI** (Key Performance Indicators) bezeichnet.

Kennzahlen der Rentabilität

Rentabilitätskennziffern stellen den erzielten Gewinn eines Unternehmens den dazu eingesetzten unterschiedlichen Kapitalarten gegenüber.

→ Die **Eigenkapitalrentabilität** zeigt, inwieweit das Eigenkapital des Unternehmens in Bezug auf den Gewinn rentabel eingesetzt werden konnte: Der Gewinn wird hierbei in Bezug zum Eigenkapital betrachtet. Diese in Prozent ausgedrückte Kennzahl zeigt, wie hoch sich die im Eigenkapital angelegten finanziellen Mittel der Unternehmenseigentümer verzinst haben. Die Eigenkapitalrentabilität wird deshalb oft auch als Unternehmerrentabilität bezeichnet.

$$\text{Eigenkapitalrentabilität} = \frac{\text{Gewinn}}{\text{investiertes Kapital}} \cdot 100$$

Beispiel:

$$\text{Eigenkapitalrentabilität} = \frac{638\,000,00\,\text{€}}{952\,000,00\,\text{€}} \cdot 100 = 67,01\,\%$$

--→ Die **Gesamtkapitalrentabilität** gibt Auskunft über die Gewinnsituation des Unternehmens. Sie zeigt beispielsweise an, wie attraktiv das Unternehmen für Investoren ist. Sie wird oft auch Unternehmungsrentabilität genannt

$$\text{Gesamtkapitalrentabilität} = \frac{\text{Gewinn} + \text{Fremdkapitalzinsen}}{\text{Gesamtkapital}} \cdot 100$$

Beispiel:

$$\text{Gesamtkapitalrentabilität} = \frac{638\,000,00\,\text{€} + 22\,000,00\,\text{€}}{1\,310\,000,00\,\text{€}} \cdot 100 = 50,38\,\%$$

--→ Die **Umsatzrentabilität** informiert über den umsatzbezogenen Gewinnanteil. Diese auch Umsatzrendite genannte Kennzahl gibt Auskunft darüber, wie viel Gewinn das Unternehmen in Bezug auf 1,00 € Umsatz gemacht

$$\text{Umsatzrentabilität} = \frac{\text{Gewinn}}{\text{Umsatzerlöse}} \cdot 100$$

Beispiel:

$$\text{Umsatzrentabilität} = \frac{638\,000,00\,\text{€}}{1\,270\,000,00\,\text{€}} \cdot 100 = 50,23\,\%$$

Kennzahlen der Liquidität

Mit **Liquiditätskennzahlen** kann eine Großhandlung kontrollieren, ob in Zukunft Zahlungsschwierigkeiten zu erwarten sind.

→ Die **Liquidität 1. Grades** gibt das Verhältnis der gesamten flüssigen Mittel zum kurzfristigen Fremdkapital eines Unternehmens an. Mit ihr kann ausgewertet werden, inwieweit ein Unternehmen seine derzeitigen kurzfristigen Zahlungsverpflichtungen allein durch seine liquiden Mittel erfüllen kann.

$$\text{Liquidität 1. Grades} = \frac{\text{flüssige Mittel}}{\text{kurzfristiges Fremdkapital}} \cdot 100$$

In der Praxis geht man davon aus, dass die Liquidität 1. Grades nicht mehr als 5 bis 10 % betragen sollte.

→ Bei der **Liquidität 2. Grades** werden die flüssigen Mittel um die kurzfristigen Forderungen ergänzt und anschließend mit dem kurzfristigen Fremdkapital ins Verhältnis gesetzt.

$$\text{Liquidität 2. Grades} = \frac{\text{flüssige Mittel} + \text{kurzfristige Forderungen}}{\text{kurzfristiges Fremdkapital}} \cdot 100$$

→ Die **Liquidität 3. Grades** informiert darüber, zu welchem Anteil das kurz- und mittelfristige Fremdkapital durch das Umlaufvermögen gedeckt ist.

$$\text{Liquidität 3. Grades} = \frac{\text{flüssige Mittel} + \text{kurzfristige Forderungen} + \text{Vorräte}}{\text{kurzfristiges Fremdkapital}} \cdot 100$$

Kennzahlen des Vermögens

Vermögenskennzahlen analysieren das Vermögen auf der Aktivseite der Bilanz

→ Die **Anlagenintensität** gibt Auskunft über den Anteil des Anlagevermögens am Gesamtvermögen.

$$\text{Anlagenintensität} = \frac{\text{Anlagevermögen}}{\text{Gesamtvermögen}} \cdot 100$$

→ Die Umlaufintensität informiert über das Verhältnis des Umlaufvermögens zum Gesamtvermögen.

$$\text{Umlaufintensität} = \frac{\text{Umlaufvermögen}}{\text{Gesamtvermögen}} \cdot 100$$

→ Das **Working Capital** misst die Differenz zwischen dem gesamten Umlaufvermögen und den kurzfristigen Verbindlichkeiten.

$$\text{Working Capital} = \text{Umlaufvermögen} - \text{kurzfristiges Fremdkapital}$$

Kennzahlen zur Kapitalstruktur

Die Ausstattung des Unternehmens mit Kapital (dargestellt auf der Passivseite der Bilanz) wird mit den **Kapitalstrukturkennzahlen** analysiert.

⇢ Die **Eigenkapitalquote** gibt den Anteil des Eigenkapitals am Gesamtkapital an.

$$\text{Eigenkapitalquote} = \frac{\text{Eigenkapital}}{\text{Gesamtkapital}} \cdot 100$$

⇢ Die **Fremdkapitalquote** gibt Auskunft über den Anteil des Fremdkapitals am Gesamtkapital. Aus ihr lassen sich Erkenntnisse über die Verschuldung des Unternehmens ablesen.

$$\text{Fremdkapitalquote} = \frac{\text{Fremdkapital}}{\text{Gesamtkapital}} \cdot 100$$

⇢ Der **Cashflow** (wörtlich übersetzt etwa: Kassen- oder Geldzufluss) gibt an, in welchem Ausmaß ein Unternehmen finanzielle Mittel aus eigener Kraft erwirtschaftet hat. Ein hoher Cashflow bedeutet eine hohe Kreditwürdigkeit des Unternehmens.

Cashflow = Jahresüberschuss + Abschreibungen auf Anlagen

20 Buchhalterische Besonderheiten

20.1 Buchhalterische Besonderheiten beim Einkauf

Neben dem eigentlichen Warenwert der eingekauften Waren fallen im Einkauf noch Anschaffungsnebenkosten an. Zusammen bilden diese die **Anschaffungskosten** der Ware.

Anschaffungsnebenkosten

Die **Anschaffungsnebenkosten** werden buchhalterisch gesondert erfasst, damit das Unternehmen eine Übersicht über sie behält. Dies erfolgt in der Regel über ein Konto „Waren Bezugskosten". Ein typischer Buchungssatz für eine solche Buchung kann lauten:

Warenbezugskosten
Vorsteuer
*   an Verbindlichkeiten*

Warenrücksendung im Einkauf

Wird im Einkauf bei der Anlieferung von Waren ein Mangel entdeckt, wird die Ware oft gar nicht angenommen. Dies hat buchhalterisch keine Folgen. Wird der Mangel jedoch erst nach Rechnungsstellung entdeckt (die Ware liegt schon längst im Lager), muss bei der **Warenrücksendung** eine Korrekturbuchung erfolgen.

Ursprünglich wurde bei der Warenlieferung gebucht:

Wareneingang
Vorsteuer
*   an Verbindlichkeiten*

Mithilfe eines Kontos „Rücksendungen an Lieferanten" erfolgt nun die Korrekturbuchung:

Verbindlichkeiten
*   an Vorsteuer*
*   an Rücksendungen an Lieferanten*

Preisnachlässe im Einkauf

Besondere Buchungen im Einkauf müssen vorgenommen werden, wenn das Großhandelsunternehmen **Preisnachlässe** eingeräumt bekommt:
Normale Rabatte werden buchhalterisch nicht erfasst.

Bekommt ein Großhändler nach einer Mängelrüge einen nachträglichen **Nachlass durch den Lieferanten** gewährt, wird auch hier mithilfe des Kontos „Nachlass von Lieferanten" eine Korrekturbuchung vorgenommen. Dies gilt ebenfalls, wenn die Großhandlung am Jahresende einen Preisnachlass nachträglich (**Bonus**) eingeräumt bekommt, weil sie einen Mindestumsatz erreicht oder überschritten hat. Jetzt wird das Konto „Lieferantenboni" verwendet.

Skonto im Einkauf

Auch die Gewährung von **Skonto** durch den Lieferanten wird im Einkauf buchhalterisch erfasst. Beachtet werden muss, dass der gesamte Skontoabzug ein Bruttobetrag ist, der sich zusammensetzt aus dem Nettoskontobetrag unter Vorsteuerkorrektur. Ein typischer Buchungssatz könnte lauten:

Verbindlichkeiten
*   an Lieferantenskonti*
*   an Vorsteuer*
*   an Bank*

20.2 Buchhalterische Besonderheiten beim Verkauf

Beim Verkauf von Waren fallen häufig Vertriebskosten an (Transportkosten, Verpackungsmaterial, Provision). Stellt eine Großhandlung als Verkäufer den Kunden **Transportkosten** in Rechnung, sind diese Vertriebskosten den Kunden direkt als Warenverkauf zu berechnen.

Beispiel: *Die Fairtext GmbH berechnet einem Kunden neben dem Warenwert von 6 800,00 € auch Frachtkosten von 300,00 €.*

Gebucht wird:

Forderungen	*8 449,00*
an Umsatzerlöse (Warenverkauf)	*7 100,00*
an Umsatzsteuer	*1 349,00*

Entstehen der Großhandlung vor oder während der Rechnungserstellung an den Kunden Vertriebskosten, muss sie diese als Aufwand auf dem Konto „Ausgangsfrachten" buchen.

Beispiel: *Die Fairtext GmbH hat eine Eingangsrechnung von einer Spedition für ausgelieferte Waren erhalten.*

Gebucht wird:

Ausgangsfrachten	*300,00*
Vorsteuer	*57,00*
an Verbindlichkeiten	*57,00*

Preisnachlässe im Verkauf

Auch im Verkauf gibt es Preisnachlässe, die vorab bereits vom Verkäufer in der Preiskalkulation berücksichtigt werden.

Normale Rabatte sind Preisnachlässe auf den Listenverkaufspreis. Bei der Preiskalkulation werden Rabatte bereits berücksichtigt und direkt vom Gesamtpreis abgezogen. In der Buchhaltung werden solche Rabatte nicht erfasst.

Skonto im Verkauf

Häufig gewährt eine Großhandlung ihren Kunden **Skonto** bei vorzeitiger Zahlung vor dem eigentlichen Zahlungsziel. Auch Kundenskonti werden auf einem eigenen Konto erfasst.

Beispiel: *Die Fairtext GmbH hat einem Kunden eine Rechnung mit dem Rechnungsbetrag in Höhe von 6 931,75 € geschickt mit der Zahlungsbedingung, dass „30 Tage Ziel" gewährt wird. Der Kunde bezahlt die Rechnung bereits nach drei Tagen unter Abzug von 2 % Skonto durch Banküberweisung. Es wird wie folgt gebucht:*

Bank	*6 793,11*
Kundenskonti	*116,50*
Umsatzsteuer	*22,14*
an Forderungen	*6 931,75*

Am Ende des Geschäftsjahres wird das Konto Kundenskonti wie folgt abgeschlossen:

Umsatzerlöse (Warenverkauf)	*116,50*
an Kundenskonti	*116,50*

Retouren

Kommt es aufgrund von Reklamationen zu **Rücksendungen** durch den Kunden (Retouren), wird auf dem Konto „Rücksendungen von Kunden" gebucht.

Beispiel: *Die Fairtext GmbH hat einem Kunden Ware mit einem Rechnungsbetrag von 1 517,25 € (Warenwert: 1 275,00 € und 242,25 € Umsatzsteuer) verkauft.*

Es ergibt sich der folgende Buchungssatz:

Forderungen	*1 517,25*
an Umsatzerlöse (Warenverkauf)	*1 275,00*
an Umsatzsteuer	*242,25*

Wegen aufgetretener Mängel reklamiert der Kunde und schickt die Ware zurück. Gebucht wird:

Rücksendungen von Kunden	*1 275,00*
Umsatzsteuer	*242,25*
an Forderungen	*1 517,25*

Am Jahresende wird das Konto „Rücksendungen" über das Konto „Umsatzerlöse (Warenverkauf)" abgeschlossen.

Kundenboni oder **Nachlässe** aus nachträglich reklamierten Lieferungen werden mit Korrekturbuchungen erfasst.

Beispiel: *Die Fairtext GmbH hat einem Kunden Waren mit einem Warenwert von 6 800,00 € verkauft. Einige Zeit später reklamiert dieser Kunde leichte Fehler. Die Produkte werden nicht zurückgeschickt, sondern es wird eine Gutschrift von netto 400,00 € vereinbart.*

Ursprüngliche Buchung:

Forderungen	*8 092,00*	
an Umsatzerlöse (Warenverkauf)	*6 800,00*	
an Umsatzsteuer	*1 292,00*	

Korrekturbuchungen:

Nachlässe an Kunden	*400,00*
Umsatzsteuer	*76,00*
an Forderungen	*476,00*

Buchung am Jahresende:

Umsatzerlöse (Warenverkauf)	*400,00*
an Nachlässe an Kunden	*400,00*

21 Projektorientierte Arbeitsorganisation

Projekte sind Vorhaben, die sich in identischer Form nicht wiederholen.

21.1 Projektmerkmale

Merkmale von Projekten sind:

--→ Aufgabenstellung mit zeitlicher Befristung (vorgegebener Abschlusstermin)
--→ Zielvorgabe
--→ Aufgabenstellung mit Einmaligkeitscharakter, hoher Komplexität und Risiko
--→ begrenzte Ressourcen und begrenzter finanzieller Rahmen (Budgetierung)
--→ interdisziplinärer Charakter

21.2 Phasen von Projekten

Ein Projekt umfasst die folgenden Phasen:

1. **Definitionsphase** (aus unklaren Vorstellungen klare Vorstellungen machen):
   --→ Problemanalyse
   --→ Projektziele und Detailanforderungen
      → Projektziele müssen SMART (Spezifisch, Messbar, Akzeptiert, Realistisch, Terminiert) formuliert sein
      → mit einer Projekt-Scorecard werden über Kennzahlen alle Ziele konsequent messbar gemacht.
   --→ Entwurf Projektergebnis (Lösungskonzept)
   --→ Durchführbarkeitsanalyse
   --→ Angebot oder Projektauftrag

--→ Projektorganisation
--→ Kick-off-Meeting
2. **Planungsphase** (den Prozess steuer- und kontrollierbar machen):
   --→ Identifikation der Arbeitspakete
   --→ Projektstrukturplan
   --→ Festlegung der Meilensteine
   --→ Ablauf- und Terminplan
   → Hilfsmittel zur Darstellung von Arbeitsabläufen im Projekt sind:
   - **Balkendiagramme** (**Grantt-Diagramme**): Zeiten einzelner Arbeitsschritte werden als Balken innerhalb eines bestimmten Zeitraums dargestellt.

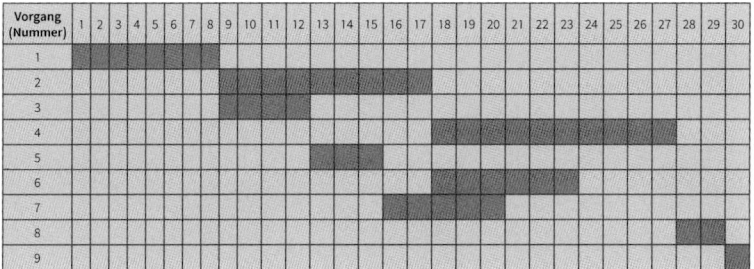

- Ablaufdiagramme
- **Netzpläne**: Grafische Darstellung von Abläufen und Abhängigkeiten. Ermittelt und beobachtet soll insbesondere der **kritische Pfad**. Bei diesem zeitlich längsten Weg der Gesamtaufgabe führen Verzögerungen bei einem der Vorgänge zu einer Verzögerung der Gesamtaufgabe.

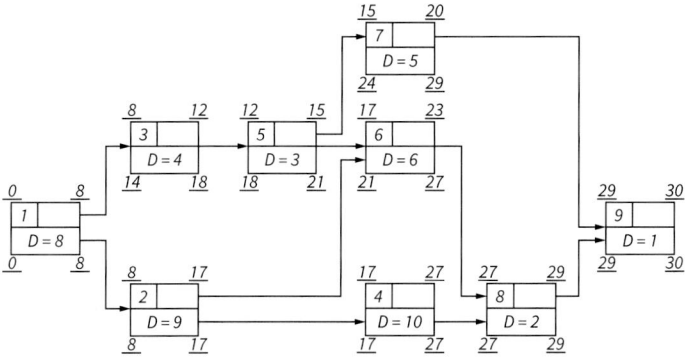

- ⇢ Kapazitätsplan
- ⇢ Kostenplan
- ⇢ Qualitätsplan
3. **Projektdurchführung** (die Projektplanung realisieren):
   - ⇢ Projektsteuerung
   - ⇢ Projektcontrolling
   - ⇢ Projektdokumentation
4. **Abschlussphase** (letzte Phase eines Projekts, in der das Projekt abgenommen, analysiert und schließlich aufgelöst wird):
   - ⇢ Abschlusspräsentation
   - ⇢ Abnahme des Projektergebnisses
   - ⇢ Einweisung
   - ⇢ Abschlussbesprechung
   - ⇢ Abschlussbericht
   - ⇢ Auflösung des Projektteams

C

PROZESSORIENTIERTE ORGANISATION VON GROßHANDELSGESCHÄFTEN

Teil 2 der Gestreckten Abschlussprüfung

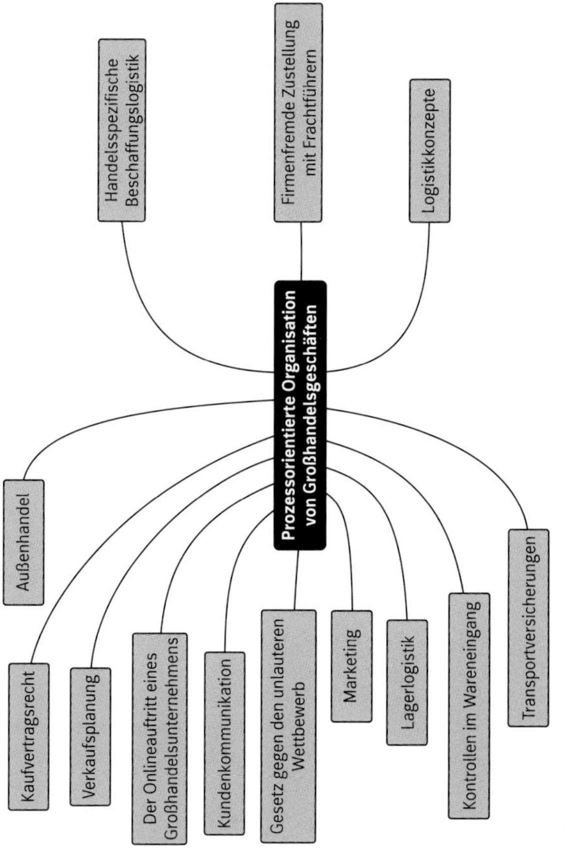

- Handelsspezifische Beschaffungslogistik
- Firmenfremde Zustellung mit Frachtführern
- Logistikkonzepte
- Außenhandel
- Kaufvertragsrecht
- Verkaufsplanung
- Der Onlineauftritt eines Großhandelsunternehmens
- Kundenkommunikation
- Gesetz gegen den unlauteren Wettbewerb
- Marketing
- Lagerlogistik
- Kontrollen im Wareneingang
- Transportversicherungen

Prozessorientierte Organisation von Großhandelsgeschäften

1 Handelsspezifische Beschaffungslogistik

1.1 Die Auswahl von Transportmitteln

Der gute Ruf eines Großhandelsbetriebs wird durch eine fachkundige und korrekte Auslieferung von Waren gefördert. Besonders muss darauf geachtet werden, dass der mit dem Kunden vereinbarte Liefertermin eingehalten wird. Vor diesem Hintergrund kommt der Auswahl eines geeigneten Transportmittels eine besondere Bedeutung zu.

Einflussfaktoren der Transportmittelauswahl können sein:

⇢ Art der Güter und deren Eigenschaften
⇢ Beförderungszeit
⇢ Pünktlichkeit des Transportmittels
⇢ Sicherheit des Transportmittels
⇢ Transportkosten
⇢ Umweltverträglichkeit

1.2 Der Werkverkehr

Wenn Großhandelsbetriebe eigene Fahrzeuge besitzen, mit denen sie die Waren an ihre Kunden ausliefern, liegt eine **firmeneigene Zustellung** vor. Dieser Gütertransport durch unternehmenseigene Fahrzeuge zu unternehmenseigenen Zwecken wird auch als **Werkverkehr** bezeichnet. Ein solcher ist anmeldepflichtig beim Bundesamt für Güterverkehr bei einer Nutzlast von mehr als 3,5 t.

Gründe für eine Warenzustellung mit eigenen Fahrzeugen können sein:

⇢ Gewährleistung einer stetigen Lieferbereitschaft
⇢ zulässige Einhaltung der Lieferbereitschaft
⇢ Möglichkeit zum Kassieren des Kaufpreises
⇢ Fahrer können Kundendienst durchführen (z. B. Aufstellen usw.)
⇢ Nutzung der Fahrzeuge als Werbeträger

Die Ware wird vom Auslieferungsfahrer mit einem **Lieferschein** ausgehändigt. Dieser enthält:

⇢ die Anschrift des Empfängers
⇢ die Lieferscheinnummer
⇢ die zugestellte Warenart und Warenmenge
⇢ das Lieferdatum

Der Kunde bescheinigt auf einer Durchschrift des Lieferscheins mit seiner Unterschrift, dass die Ware ordnungsgemäß zugestellt wurde. Wenn die Ware an einen Kunden durch ein firmeneigenes Fahrzeug des Großhandelsbetriebs zugestellt wird, haftet der Großhändler für Verlust und Beschädigung der Ware bis zur Übergabe an den Kunden.

1.3   Tourenplanung

Die **Tourenplanung** ist eine direkt auf die Transportkosten wirkende Maßnahme, bei der es um die Reduzierung der bei der Auslieferung oder bei Sammelfahrten zurückgelegten Wegstrecke mit firmeneigenen Fahrzeugen geht. Es sollen optimale Tourenpläne für den eigenen Fuhrpark erstellt werden.

Eine optimale Tourenplanung hat zur Folge:

--→ niedrige Auslieferungskosten
--→ hohen Lieferservice
--→ Entlastung der Fahrer von administrativen Tätigkeiten

Für die tägliche Fuhrparkdisposition ist eine systematische Vorgehensweise erforderlich, die die Einrichtung eines großen Stammdatenbestands notwendig macht.

Folgende Daten müssen zur Erstellung eines Tourenplans erfasst werden:

--→ Planungsraumdaten (Beschreibung der Kundenstandorte: Entfernungen, Fahrzeiten, Wegbeschränkungen wie Baustellen, Staus usw.)
--→ Kundenstammdaten (wie z. B. Adressen)
--→ Auftragsdaten
--→ Fuhrparkstammdaten (z. B. maximale Zuladung)
--→ Personalstammdaten

1.4   Tourenkontrolle

Während der Auslieferung werden mit verschiedenen elektronischen Geräten im Fahrzeug Daten erfasst, die später zur Auswertung an die EDV übertragen werden. Dadurch wird eine **Tourenkontrolle** ermöglicht, die in einem Soll-Ist-Vergleich der Tour besteht. Dabei geht es einerseits um die glaubhaften Begründungen zeitlicher Abweichungen gegenüber den geplanten Vorgabewerten, andererseits um die Erhöhung der Genauigkeit und Zuverlässigkeit des Tourenplanungsprogramms.

Eine Großhandlung braucht kein Transportmittel auszuwählen, wenn es ein Streckengeschäft abschließt. Ein Streckengeschäft liegt vor, wenn die Ware nicht an den Käufer (Großhändler), sondern direkt an dessen Kunden (z. B. Einzelhändler) geliefert wird, ohne das Lager des Käufers (Großhändlers) zu berühren.

2 Firmenfremde Zustellung mit Frachtführern

Wenn der Großhändler die Ware nicht selbst zustellen kann oder will, kann er sie im Rahmen einer **firmenfremden Zustellung** an den Kunden entweder durch die Post oder durch einen Frachtführer ausliefern lassen

Ein **Frachtführer** wird durch Abschluss eines Frachtvertrags dazu verpflichtet, ein zu versendendes Gut zu Lande, auf See, auf Binnengewässern oder mit Luftfahrzeugen zu befördern und dort an den Empfänger abzuliefern.

Pflichten des Frachtführers

-→ Er muss den Gütertransport zu einem bestimmten Ort innerhalb der vereinbarten Zeit durchführen (Beförderungs- und Ablieferungspflicht).
-→ Er hat die Weisungen des Absenders so lange zu befolgen, wie die Ware noch nicht an den Empfänger ausgehändigt worden ist (Befolgungspflicht).
-→ Er haftet für verschuldeten Verlust, Beschädigung und Lieferfristüberschreitung (Haftpflicht).

Rechte des Frachtführers

-→ Er kann die Ausstellung eines Frachtbriefes und die Übergabe der erforderlichen Warenbegleitpapiere verlangen (Frachtbriefausstellung).
-→ Er hat Anspruch auf Zahlung der vereinbarten Fracht und Erstattung sonstiger Auslagen (Vergütungsanspruch).
-→ Er hat ein Pfandrecht an dem beförderten Gut wegen aller durch den Frachtvertrag begründeten Forderungen (Pfandrecht).

2.1 Verkehrsmittelarten

Die meisten Frachtführer sind Unternehmen des **gewerblichen Lkw-Güterkraftverkehrs**.

Ein Transport von Waren mit diesen Frachtführern bringt folgende Vorteile:

-→ im Vergleich zum Bahntransport häufig kürzere Transportdauer
-→ umladefreier Haus-Haus-Verkehr von der Beladerampe des Versenders bis zur Entladerampe des Empfängers. Dadurch können oft erhebliche Umlade- und Verpackungskosten eingespart werden.
-→ direkte Belieferung von Kunden ohne Bahnanschluss

Nachteile des firmenfremden Güterversands durch Lastkraftwagen können sein:

-→ geringere Verkehrssicherheit
-→ Witterungsabhängigkeit
-→ Unwirtschaftlichkeit bei Massengütern aufgrund des hohen Energieverbrauchs je beförderte Tonne
-→ starke Umweltbelastung

Vorteile eines Gütertransports mit der **Eisenbahn** sind der kostengünstige Transport von Massengütern, eine hohe Transportsicherheit sowie eine gute Umweltverträglichkeit.

Die **Binnenschifffahrt** eignet sich besonders für Massengüter, Containertransporte und ungewöhnlich große und schwere Güter.

Der **Luftfrachtverkehr** kann gewählt werden, wenn folgende Vorteile wichtig sind:

-→ Schnelligkeit
-→ Pünktlichkeit
-→ Streckendichte
-→ Transportsicherheit
-→ Einsparung von Verpackungskosten

Bei der Zusammenarbeit mit den verschiedenen Frachtführern finden unterschiedliche Transportpapiere Anwendung. Es gibt zum Teil auch unterschiedliche Haftungsregeln.

Frachtführer	Transportpapiere	Arten	Haftung
Gewerbliches Güterkraftverkehrsunternehmen	Frachtbrief CMR-Frachtbrief (internationaler Frachtbrief) im grenzüberschreitenden Güterfernverkehr	–	Prinzipiell gilt im innerdeutschen sowie im grenzüberschreitenden Güterverkehr die Gefährdungshaftung: Der Unternehmer des gewerblichen Güterkraftverkehrs haftet auch ohne Verschulden, es sei denn, es liegt ein Haftungsausschlussgrund (z. B. höhere Gewalt) vor. Bei Güterschäden ist die Haftung sowohl nach dem HGB für den nationalen Verkehr als auch nach den CMR im internationalen Verkehr grundsätzlich auf max. 8,33 Sonderziehungsrechte pro Kilogramm des Rohgewichts (SZR/kg) der Sendung begrenzt. Ein Sonderziehungsrecht ist eine künstliche Währungseinheit des Internationalen Währungsfonds (1 SZR = 1,2004 € am 25.10.2021) Die Haftung des Frachtführers wegen Überschreitung der Lieferfrist ist im nationalen Verkehr auf den dreifachen Betrag der Fracht begrenzt. Bei grenzüberschreitenden Straßentransporten gilt eine Haftungsbegrenzung bis zur Höhe der Fracht.
Seefracht	Konnossement (Bill of Landing) beim Stückgutfrachtvertrag Charter Party beim Chartervertrag	Stückgüter (einzelne Güter) Charter (das Schiff im Ganzen oder ein Teil davon)	Wenn nichts anders vereinbart wurde, haftet der Transporteur bei Verschulden für Verlust oder Beschädigung der Güter bis höchstens zu einem Betrag von 666,67 SZR pro Einheit oder Stück

Frachtführer	Transportpapiere	Arten	Haftung
			des Gutes bzw. bis zu einem Betrag von 2 SZR/kg der Ware, je nachdem, welcher Betrag höher ist.
			Bei Verspätungsschaden im Containerverkehr gilt max. das 2,5-Fache der Fracht.
Luftfracht	Luftfrachtbrief (Air Waybill) in drei Ausfertigungen	–	Prinzipiell muss die Luftfrachtgesellschaft den entstandenen Schaden ersetzen. Sie haftet nicht, wenn sie beweisen kann, dass sie den Schaden nicht verursacht hat.
			Der Haftungsumfang beträgt 19 SZR/kg brutto.
Binnenschifffahrt	Möglich sind aufgrund des Frachtvertrags: → Frachtbrief (Beweisurkunde) → In der Praxis werden jedoch fast nur Ladescheine (Konnossemente) verwendet, die vom Frachtführer nach der Verladung ausgestellt werden. Diese sind Warenwertpapiere, die das Recht auf Empfang der transportierten Güter am Empfangsort verbriefen.	Beauftragt werden könnten: → Partikuliere (selbstständige Einzelschiffer) → Reedereien (Unternehmen mit einer Flotte von Binnenschiffen) → Werksschifffahrt (Unternehmen verfügt über eigene Schiffe)	Sofern er nicht beweisen kann, dass ihn kein Verschulden trifft, haftet der Binnenschiffer für den Schaden, der von der Übernahme der Beförderung bis zur Ablieferung des Gutes entstanden ist.

Frachtführer	Transportpapiere	Arten	Haftung
Eisenbahn	Eisenbahnfracht-brief in vier Teilen	Hauptsächliche Güterverkehrsart ist der Wagenladungsverkehr: Die Absender beladen einzelne Güterwagen, die von der Bahn mit Güterzügen transportiert werden. Daneben gibt es noch den Versand von besonders eiligen Sendungen bis zu einem Gewicht von 20 kg mit Intercityzügen als IC-Kuriergut Stückgutverkehr spielt kaum noch eine Rolle.	Prinzipiell gilt im innerdeutschen sowie im grenzüberschreitenden Güterverkehr die Gefährdungshaftung: Die Bahn haftet auch ohne Verschulden, es sei denn, es liegt ein Haftungsausschlussgrund (z. B. höhere Gewalt) vor. Bei Güterschäden ist die Haftung im nationalen Verkehr auf max. 8,33 SZR/kg begrenzt, im internationalen Verkehr auf 17 SZR/kg. Die Haftung des Frachtführers wegen Überschreitung der Lieferfrist ist sowohl im nationalen Verkehr als auch im internationalen Verkehr auf den dreifachen Betrag der Fracht begrenzt.

2.2 KEP-Dienste

Eine Alternative zu den herkömmlichen Frachtführern sind die **KEP-Dienste**. Eine Abgrenzung der Dienste ist kaum möglich, da die übernommenen Dienstleistungen zum Teil fließend ineinander übergehen und die Unternehmen häufig sowohl Kurier- als auch Express- und Paketdienste anbieten:

--> Paketdienste: Befördern in der Regel Pakete bis zu 30 kg und stehen somit in direkter Konkurrenz zur Deutschen Post.
--> Kurierdienste: Befördern in der Regel nur Dokumente und kleine Paketsendungen.
--> Expressdienste: Befördern Güter im Rahmen von Sammelladungen zum Teil unabhängig von Maß und Gewicht.

Ein Versand von Waren mit KEP-Diensten hat folgende Vorteile:

--> Hoher Lieferservice: Sendungen werden an jeder Adresse zu vereinbarten Zeitpunkten abgeholt und ausgeliefert.
--> Anpassung an spezielle Kundenbedürfnisse

--→ Pünktlichkeit

--→ Laufzeitüberwachung: Kunden können jederzeit die Sendung nachverfolgen. Dies ermöglicht die Identifizierung von Gründen für mögliche Verspätungen.

--→ Just-in-time-Lieferung: Sendungen werden zu einem vorher bestimmten Zeitpunkt angeliefert und fließen sofort in den Verkaufs- oder Produktionsprozess des Abnehmers ein. Dadurch verursachen die gelieferten Gegenstände beim Abnehmer keine Lagerkosten.

2.3 Sendungsverfolgung

Aus der Logistik heute nicht mehr wegzudenken ist die **Sendungsverfolgung**. Dieser Prozess wird oft auch als **Tracking and Tracing** (frei übersetzt etwa: Verfolgen und Rückverfolgen) bezeichnet. Die Sendungsverfolgung ermöglicht es, sich über den Status einer Lieferung zu informieren: Sie gibt Auskunft darüber, wo innerhalb der Logistikkette sich eine bestimmte Ware zu einem bestimmten Zeitpunkt befindet. Die Sendungsverfolgung ist heute weitgehend automatisiert. Grundlage der Sendungsverfolgung ist die **Sendungsnummer**. Dieser wird oft auch Trackingnummer, Tracking Code oder Tracking ID genannt. Ohne sie kann eine Sendung nicht verfolgt werden.

2.4 Spediteure

Aufgrund ihrer Berufserfahrung kennen **Spediteure** die günstigsten Verkehrsbedingungen und Frachtsätze. Spediteure sind selbstständige Kaufleute, die auf Rechnung des Versenders die Güterversendung durch Frachtführer besorgen. Besonders im Auslandsgeschäft kann ihre Tätigkeit hilfreich sein. Während Frachtführer für den eigentlichen Transport sorgen, organisieren Spediteure mithilfe ihrer Spezialkenntnisse (z. B. durch Hinzuziehen geeigneter Frachtführer) den Transport.

Grundlage für die Arbeit eines Spediteurs ist der mit ihm abgeschlossene Speditionsvertrag.

Pflichten des Spediteurs	Rechte des Spediteurs
--→ Wahl des günstigsten Beförderungsmittels	--→ Vergütung
--→ Frachtführerauswahl	--→ Selbsteintrittsrecht (Die Spedition kann selbst als Frachtführer und Lagerhalter auftreten.)
--→ Abschluss von Frachtverträgen mit einem oder mehreren Frachtführern	--→ Gesetzliches Pfandrecht
--→ Sicherung der Schadensersatzansprüche des Versenders	
--→ Wo nötig: Versicherung, Verpackung, Verzollung und Zwischenlagerung der Ware	

3   Logistikkonzepte

3.1   Just-in-time

Für den Handel immer wichtiger ist das **Just-in-time**-Konzept. Bei Just-in-time findet eine Optimierung der Transportketten statt: Die notwendige Ware soll erst zum benötigten Zeitpunkt in der erforderlichen Menge angeliefert werden.

Wenden Lieferer und Kunden das Just-in-time-Prinzip an, erfolgt der Warenfluss vom Lieferer zum Abnehmer, ohne von Lagerhaltungsprozessen unterbrochen zu sein: Die Ware wird entsprechend den Wünschen des Kunden bezüglich Lieferservice, Preis und Qualität zeitgenau vom Lieferer zur Verfügung gestellt.

Bei der Verwirklichung des Just-in-time-Prinzips können verschiedene Methoden angewandt werden:

--→ Verbrauchssynchrone Anlieferung
--→ Nahe räumliche Ansiedlung von Lieferer und Kunde
--→ Zusammenlegung der Lager
--→ Verlagerung der Lagerzeit auf die Transportmittel: Aus „rollenden Lagern" können die gewünschten Waren direkt entnommen werden.
--→ Integrierte Warenwirtschaftssysteme: Die Warenwirtschaftssysteme der Unternehmen der unterschiedlichen Wirtschaftsstufen werden miteinander verknüpft.

Die Vorteile des Just-in-time-Prinzips für die Kunden liegen in deutlichen Bestandssenkungen und Flächenreduzierungen im Lager. Auch die Personalkosten vermindern sich.

Nachteile des Just-in-time-Prinzips: Es kommt zu einem höheren Verkehrsaufkommen; z. T. wird die Lagerhaltung auf den Lieferer verschoben. Durch den hohen Steuerungsaufwand kommt es zu steigenden Warenkosten. Das Ausfallrisiko steigt ebenfalls.

3.2   Supply-Chain-Management

Unter **Supply-Chain-Management** wird die optimale Gestaltung des Informations- und Warenflusses zur Leistungserstellung von Erzeugnissen (Leistungen) im gesamten Logistiknetzwerk, vom Lieferer des Lieferers bis zum Kunden des Kunden, unter Verwendung geeigneter Planungs- und Kommunikationstechnologien verstanden.

Die **Supply-Chain** ist der Weg vom Hersteller bis zum Endkunden. Entlang dieser logistischen Kette sollen Wettbewerbsvorteile für alle Beteiligten realisiert werden. Das bringt den einzelnen Unternehmen folgende Vorteile:

--→ Kostenreduktion (z. B. durch verbesserte Abstimmung zwischen Produktions- und
Distributionsvorgängen)
--→ Zeitersparnis (z. B. durch Vermeidung von Liegezeiten)
--→ Erhöhung der Kundenzufriedenheit (z. B. durch verbesserte Termintreue)
--→ Verbesserung des Frühwarnsystems (z. B. durch aktuelle Informationen über
entstandene Störungen)

3.3 Total Quality Management

Die **Qualitätssicherung** in Form eines Total Quality Managements (TQM) spielte als
Unternehmensstrategie früher lediglich in Industrieunternehmen eine Rolle. Dort be-
zog sie sich vor allem auf die technische Qualität der hergestellten Produkte am Ende
der Fertigung. Diese enge Qualitätssicht wurde jedoch aufgegeben, mittlerweile sind
alle Funktionen eines Unternehmens einbezogen. Damit werden die Qualitätsma-
nagementkonzepte auch für andere Wirtschaftsbereiche – und somit auch für den
Großhandel – relevant. Qualitätsmanagementsysteme dienen also der Sicherstellung
aller Dienstleistungen eines Großhandelsunternehmens.

Grundsätze des Qualitätsmanagements

--→ Führung im Hinblick auf einheitliche Zielsetzung und Ausrichtung des Unternehmens
--→ Anstreben ständiger Verbesserungen
--→ Einbeziehung der Beschäftigten
--→ Aufbau von Liefererbeziehungen zum gegenseitigen Nutzen
--→ Kundenorientierung
--→ Prozessorientierung
--→ sachliche Entscheidungsfindung

Ziele des Qualitätsmanagements

--→ Zufriedenstellung der Kunden
--→ Vermeidung von Fehlern
--→ bessere Erfassung und Umsetzung der
--→ Kundenbedürfnisse
--→ Vorteile bei Kooperationen mit zertifizierten Firmen (gleiche Sprache)

4 Transportversicherungen

Hat sich eine Großhandlung für ein Transportmittel entschieden, empfiehlt sich der
Abschluss einer **Transportversicherung**. Alle produzierten Güter müssen von den

Herstellern über Verteiler (z. B. Großhandel) zu den Abnehmern gebracht werden. Die Transportversicherung versichert Transportmittel und Transportgüter gegen die Gefahren, denen sie während des Transports zu Lande, zu Wasser und in der Luft ausgesetzt sind. Vor-, Zwischen- und Nachlagerung von Waren werden mitversichert, soweit nicht ausdrücklich etwas anderes vereinbart ist.

Vertragsformen der Transportversicherung sind:

- → **Einzelversicherung** (Versicherungsvertrag über ein einmalig auftretendes Risiko)
- → **laufende Versicherung** (erfasst sämtliche während der Laufzeit des Vertrages anfallenden Transporte)
- → **Abschreibungsversicherung** (für Transporthülle der Zukunft wird die Prämie vom vereinbarten Gesamtwert im Voraus erhoben und dann jede einzelne Beförderung separat abgeschrieben)

5 Kontrollen im Wareneingang

Will ein Unternehmen nicht das Recht zur Reklamation mangelhafter Ware verlieren, muss es beweisen können, dass der Schaden nicht im eigenen Betrieb entstanden ist. Daher sind verschiedene Kontrollen vorzunehmen:

- → Sofortige Prüfung (bei Eintreffen der Sendung und in Anwesenheit des Überbringers): Der äußere Zustand der Lieferung wird überprüft, also die Korrektheit der Anschrift, die Zahl der gelieferten Stücke, die äußere Verpackung. Es muss auf der Stelle und in Anwesenheit des Spediteurs eine Tatbestandsaufnahme erfolgen. Ist der äußere Zustand der Ware mangelhaft, muss das vom Transporteur in einer Tatbestandsaufnahme bescheinigt werden. Die Abnahme der Ware kann dann verweigert werden oder nur unter Vorbehalt erfolgen.
- → Unverzügliche Prüfung (zum nächstmöglichen Zeitpunkt ohne schuldhafte Verzögerung): Der Inhalt der Sendung ist unverzüglich nach Art, Menge, Güte und Beschaffenheit zu prüfen. Ist die Ware beschädigt, muss eine Mängelrüge geschrieben werden.

6 Lagerlogistik
6.1 Lageraufgaben und -arten

Ein **Lager** ist der Ort, an dem Ware aufbewahrt wird.

Ein Lager erfüllt folgende Aufgaben:

- → Sicherung der Verkaufsbereitschaft

--→ Ausnutzung von Preisvorteilen
--→ zeitliche Überbrückung
--→ Umformung/Veredelung

Lager findet man im Großhandel in unterschiedlichen Formen und Größen. Es können unterschiedliche **Lagerarten** nach verschiedenen Merkmalen unterschieden werden (in der Praxis häufig Mischformen):

nach dem Ort der Aufbewahrung

--→ Von **Eigenlager** spricht man, wenn der Großhandelsbetrieb seine Ware in eigenen Räumen lagert.
--→ Aus bestimmten Gründen verwenden Großhandelsbetriebe für ihre Warenvorräte oft fremde Lagerräume (**Fremdlager**) in Lagerhäusern, bei Spediteuren oder Kommissionären.

nach dem Grad der Aufteilung der Lagergüter

--→ **Zentrales Lager**: Alle Waren werden an einem Ort gelagert.
--→ **Dezentrales Lager**: Die Waren werden auf verschiedene Lager verteilt, beispielsweise auf die Lager von Filialen.

nach ihrer Aufgabe

--→ **Vorratslager**: Hauptaufgabe ist es, eine hohe Kapazität für die Aufnahme von Waren zur Verfügung zu stellen.
--→ **Umschlagslager**: Diese Lagerart soll kurzfristig die Güter zwischen dem Umschlag von Transportmittel zu Transportmittel aufnehmen. Es dominieren die Bewegungsprozesse.
--→ **Verteilungslager**: Hier sind Lager und Bewegungsprozesse von gleicher Bedeutung. Es geht um die Umstrukturierung des Güterflusses.
  • **Zulieferungslager:** Güter von unterschiedlichen Lieferern werden gesammelt und an einen oder mehrere Kunden verteilt. Hauptaufgabe dieser beschaffungsorientierten Lagerart ist also eine hohe Konzentrationsleistung.
  • **Auslieferungslager**: Güter werden gesammelt und an verschiedene Kunden ausgeliefert. Auslieferungslager sind absatzorientiert und streben eine hohe Auflöseleistung an.

nach der Bauform

--→ **Freilager**: für witterungsunempfindliche Güter, z. B. Schüttgüter
--→ **Flachlager:** in Gebäuden bis zu maximal 7 m Höhe

--> **Etagenlager:** ein übereinander angeordnetes Flachlager auf mehreren Stockwerken

--> **Hochflachlager:** Lager mit bis zu 12 m Höhe

--> **Hochregallager:** Lager mit Höhen über 12 m bis über 45 m

6.2 Anforderungen an die Lagerhaltung

Die Anforderungen an die Lagerhaltung lassen sich aus den sogenannten **Lagergrundsätzen** ableiten:

--> **Übersichtlichkeit:** Zur schnellen Wareneinlagerung und -entnahme muss man im Lager die Übersicht behalten können.

--> **Geräumigkeit:** Für eine effektive Lagerung muss für Kunden, Personal und Fördermittel ausreichend Bewegungsspielraum vorhanden sein.

--> **Artgerechte Lagerung:** Die Lagerung muss den jeweiligen speziellen Anforderungen der Ware entsprechen (Ware sollte also je nach ihrer Beschaffenheit geschützt werden vor Licht, Feuchtigkeit, Wärme usw.).

--> **Sachgerechte Lagereinrichtung:** Um den Aufgaben der Lagerhaltung nachzukommen, sollten technische Einrichtungen und andere Hilfsmittel (z. B. Regale, Gabelstapler usw.) verwendet werden, die das Lagern der Ware erleichtern.

--> **Sicherheit:** Die Lagerräume müssen so gestaltet sein, dass es einerseits nicht zu Unfällen kommen kann, andererseits die Ware vor Risiken geschützt ist.

6.3 Der optimale Lagerbestand

Der für das Unternehmen günstigste Bestand wird **optimaler Lagerbestand** genannt. Bei dieser anzustrebenden, aber nie genau berechenbaren Bestandsgröße wird die größte Wirtschaftlichkeit der Lagerhaltung erreicht.

Der optimale Lagerbestand vermeidet die Nachteile sowohl eines zu kleinen als auch eines zu großen Lagerbestands.

Nachteile eines zu hohen Lagerbestands	Nachteile eines zu niedrigen Lagerbestands
--> hohe Lagerkosten --> in den gelagerten Waren gebundenes ("totes") Kapital --> Zunahme von Risiken wie Diebstahl, Veralten bzw. Verderben oder Modewechsel	--> entgangener Gewinn durch nicht zustande gekommene Verkäufe --> Kundenverlust --> Nichtausnutzung von Mengenrabatten

Betriebe versuchen im Rahmen ihrer Lagerhaltung ständig, sich dem optimalen Lagerbestand anzunähern. Hilfsmittel beim Ausgleich der gegenläufigen Auswirkungen zwischen den Nachteilen eines zu großen und den Nachteilen eines zu niedrigen Lagerbestands sind einerseits die Bestandskontrolle (Anwendung) und Beobachtung der verschiedenen Lagerbestandsgrößen (wie z. B. Meldebestand), andererseits die Kontrolle des Lagers mit Lagerkennziffern (z. B. Umschlagshäufigkeit).

6.4 Die Kontrolle des Lagerbestands

Im Rahmen der **Bestandskontrolle** werden verschiedene Bestände berechnet:

Der **Höchstbestand** ist die oberste Grenze des Lagerbestands. Er darf bzw. kann nicht überschritten werden.

Der **Mindestbestand** ist der Bestand, der immer vorhanden sein muss, um einen störungsfreien Betriebsablauf sicherzustellen. Dieser häufig auch sogenannte „eiserne Bestand" darf nur angefasst werden, wenn ein Notfall eintritt.

Wird die Bestandsgröße **Meldebestand** erreicht, muss neue Ware nachbestellt werden: Der Meldebestand wird so hoch angesetzt, dass bei der Lieferung der neuen Ware gerade der Mindestbestand erreicht ist. Die Berechnung erfolgt nach der Formel:

$$Meldebestand = (Tagesverbrauch \cdot Liefertage) + Mindestbestand$$

Beispiel: *Der Tagesumsatz eines Artikels beträgt durchschnittlich 40 Stück; Lieferzeit 10 Tage. Als eiserne Reserve dient ein Mindestbestand von 120 Stück.*

Der Meldebestand beträgt 520 Stück

520 = (40 · 10) + 120

6.5 Lagerkennziffern

Das Lager kann auch mit **Lagerkennziffern** kontrolliert werden.

Der **durchschnittliche Lagerbestand** gibt an, welcher Warenbestand (Stückzahl) bzw. welcher Warenwert (bewertet zu Einstandspreisen in Euro) durchschnittlich auf Lager liegt.

Bei einer Jahresinventur werden der letztjährige Endbestand als Anfangsbestand und der diesjährige Endbestand zur Berechnung des durchschnittlichen Lagerbestands herangezogen:

$$\text{Durchschnittlicher Lagerbestand} = \frac{\text{Anfangsbestand} + \text{Endbestände}}{2}$$

Bei monatlichen Inventuren werden der Jahresanfangsbestand und die 12 Monatsendbestände herangezogen:

$$\text{Durchschnittlicher Lagerbestand} = \frac{\text{Jahresanfangsbestand} + 12 \text{ Monatsendbestände}}{13}$$

Die **Lagerumschlagshäufigkeit** gibt an, wie oft der Lagerbestand eines Artikels innerhalb eines Jahres erneuert wird:

$$\text{Jahresumschlagshäufigkeit} = \frac{\text{Jahresabsatz}}{\text{durchschnittlicher Lagerbestand}}$$

Eine Erhöhung der Umschlagshäufigkeit verkürzt die durchschnittliche Lagerdauer von Artikeln. Dadurch ergeben sich u. a. als Vorteile:

--→ geringerer Kapitalbedarf durch weniger gebundenes Kapital
--→ Senkung von Lagerkosten
--→ schnellere Anpassung an Veränderungen des Marktes

Die **durchschnittliche Lagerdauer** zeigt, wie lange ein Artikel durchschnittlich bevorratet wird. Sie misst die Zeitspanne zwischen der Ankunft des Artikels im Lager und der Ausgabe bzw. dem Verkauf:

$$\text{Durchschnittliche Lagerdauer} = \frac{360}{\text{Lagerumschlagshäufigkeit}}$$

Maßnahmen, mit denen einer Erhöhung der durchschnittlichen Lagerdauer entgegengewirkt werden kann:

--→ Straffung des Sortiments
--→ permanente Lagerbestandsüberwachung
--→ Kauf auf Abruf
--→ Festlegung von Höchstbeständen

Mit dem **Lagerzinssatz** werden die Zinskosten erfasst, die durch die Investition in Lagervorräte entstehen. Diese Kennzahl gibt somit Auskunft über das in den Lagerbeständen angelegte Kapital.

Zur Berechnung des Lagerzinssatzes gibt es drei Möglichkeiten

$$\text{Lagerzinssatz} = \frac{\text{Jahreszinssatz}}{\text{Lagerumschlagshäufigkeit}}$$

$$\text{Lagerzinssatz} = \frac{\text{Jahreszinssatz} \cdot \text{durchschnittliche Lagerdauer}}{360}$$

$$\text{Lagerzinssatz} = \frac{\text{Jahreszinssatz} \cdot \text{durchschnittlicher Lagerbestand}}{\text{Wareneinsatz}}$$

6.6 Die Kommissionierung

Im Rahmen der **Kommissionierung** erledigt der Großhändler im Lager Kundenaufträge: Er stellt die vom Kunden benötigten Waren aus mehreren Lagerorten zusammen.

Beim **seriellen Kommissionieren** wird ein Kundenauftrag der Reihe der Kommissionierpositionen nach von einem Kommissionierer abgearbeitet. Liegt dagegen **paralleles Kommissionieren** vor, wird der Kundenauftrag in mehrere Teilaufträge zerlegt, wobei der Lagerort als Zerlegungskriterium gilt. Die einzelnen Teilaufträge werden von unterschiedlichen Kommissionierern erledigt und hinterher wieder zusammengeführt.

Beim Kommissionierprinzip „**Mann zur Ware**" geht der Kommissionierer zu den Lagerplätzen und entnimmt die jeweilige Artikelmenge. Der genau umgekehrte Fall liegt beim Kommissionierprinzip „Ware zum Mann" vor: Die Artikel werden in Behältern oder Paletten aus dem Lager zum Kommissionierer gebracht, der die benötigte Teilmenge entnimmt.

6.7 Einlagerung bei Lagerhaltern

Lagerhalter übernehmen gewerbsmäßig die Lagerung und Aufbewahrung von Gütern.

Sie sind Kaufleute und schließen mit Einlagerern Lagerverträge ab. Vorteile der Fremdlagerung für einlagernde Großhändler:

--→ Einsparung von Lagerkosten, die im eigenen Lager anfallen würden
--→ Benutzung von Speziallagern für bestimmte Artikel, die wegen des hohen Investitionsaufwands oder aufgrund gesetzlicher Vorschriften nicht selbst gelagert werden können

-→ Kapitalersparnis, weil nicht in eigenen Lagerraum investiert werden muss
-→ Verminderung des Lagerrisikos

Es gibt zwei Arten der Einlagerung bei Lagerhaltern:

-→ Bei der **Einzellagerung** wird die eingelagerte Ware von den anderen Gütern getrennt aufbewahrt.
-→ Bei der **Sammellagerung** wird die eingelagerte Ware (Getreide, Kies, Sand) mit anderer Ware gleicher Art und Güte vermischt.

Entweder mit dem Lagerempfangsschein oder einem Lagerschein (je nach Wunsch des Einlagerers) bescheinigt der Lagerhalter die Einlagerung der Ware:

-→ Der **Lagerempfangsschein** ist in erster Linie eine Quittung, mit der der Lagerhalter den Empfang der Ware bescheinigt.
-→ Neben der Quittungsfunktion enthält der **Lagerschein** zusätzlich die Verpflichtung des Lagerhalters, die Ware gegen Vorlage des Lagerscheins auszuliefern. Er ist also auch ein Warenwertpapier, das eine bequeme Verfügung über die Ware (z. B. Eigentumsübertragung) gestattet, ohne dass die Ware selbst bewegt werden muss.

Pflichten von Lagerhaltern

Zu den Pflichten von Lagerhaltern zählen:

-→ Aufbewahren der Güter
-→ nach der Empfangskontrolle dem Einlagerer auf Wunsch einen Lagerempfangs-schein oder Lagerschein ausstellen
-→ auf Verlangen des Einlagerers die Ware jederzeit herausgeben
-→ Haftung im Schadensfall haften.
-→ Benachrichtigungspflicht bei auftretenden Veränderungen an der Ware.
-→ Eine Einlagerer hat ein jederzeitiges Besichtigungsrecht.

Rechte von Lagerhaltern

Zu den Rechten von Lagerhaltern zählen im:

-→ Anspruch auf Zahlung des Lagergeldes
-→ Pfandrecht
-→ kann nach Ablauf der Lagerzeit die Rücknahme der Güter verlangen

Wenn ein Großhändler vor der Frage steht, ob er eine Eigen- oder Fremdlagerung von Gütern vornehmen soll, führt er eine Kostenvergleichsrechnung durch. Dabei ermittelt er die **kritische Lagermenge:** Das ist die Lagermenge, bei der die Kosten der Eigenlagerung und Fremdlagerung genau gleich sind.

6.8 Lagerverwaltung

Die Lagerverwaltung erfolgt heute in der Regel mit EDV-Unterstützung durch ein Warenwirtschaftssystem bzw. ERP-System:

Lagerinventur

Eine sehr wichtige Tätigkeit im Lager ist die Lagerkontrolle durch die **Inventur.** Diese kann erfolgen als

- ⇢ **körperliche Inventur**, bei der eine Bestandsaufnahme aller körperlichen Gegenstände durch Messen, Zählen, Wiegen erfolgt.
- ⇢ **Buchinventur**, bei der alle nicht körperlichen Vermögensgegenstände sowie die Schulden aus den Daten der Buchhaltung verstandesmäßig übernommen werden.

Inventurverfahren sind

- → **Stichtagsinventur**, bei der die Inventur direkt am Bilanzstichtag bzw. zeitnah innerhalb von zehn Tagen vor oder nach dem Bilanzstichtag stattfindet.
- → **Zeitlich verlegte Inventur**: Dies ist eine bis zu drei Monate vor bzw. zwei Monate nach dem Bilanzstichtag verlegte Bestandsaufnahme, bei der die Bestandsveränderung zum Tag der Inventur und dem Bilanzstichtag fortgeschrieben oder zurückgerechnet wird.
- → Bei der **permanenten Inventur** werden die Vermögensbestände laufend aus den Lagerdateien und Anlagekarteien ermittelt. Einmal pro Jahr erfolgt eine Kontrolle der Werte durch eine körperliche Bestandsaufnahme.

Sicherheit im Lager

Durch verschiedene gesetzliche oder betriebliche Vorsorge- und Sicherungsmaßnahmen kann im Lager die Gefahr eines Brandes, eines Diebstahls oder eines Unfalls vermindert werden. In diesem Zusammenhang sind vor allem die **Brandschutz-** und **Unfallverhütungsvorschriften** der Berufsgenossenschaft zu beachten. Alle Arbeitsstätten sind mit entsprechenden Brandschutzeinrichtungen zu versehen. Alle Vorschriften zum Arbeitsschutz und zur Unfallverhütung sind einzuhalten. Sie sollten von Fachkräften für Arbeitssicherheit überprüft werden. Auch die Gewerbeaufsichtsämter kontrollieren die Einhaltung der gesetzlichen Vorschriften.

7 Marketing

Beim **Marketing** handelt es sich um eine Unternehmensführung ausgehend vom Absatz: Es geht um das aktive Bearbeiten des Markts mit dem Ziel, möglichst großen Gewinn zu erwirtschaften. Vor allem die Kunden sollen entsprechend der Unternehmensziele beeinflusst werden. Alle Handlungen des Unternehmens werden systematisch und geplant auf die Wünsche der Kunden hin ausgerichtet.

7.1 Marketinginstrumente

Zur Erreichung der Marketingziele kann ein Unternehmen unterschiedliche **Marketinginstrumente** einsetzen. Dies sind alle Maßnahmen, die es dem Unternehmen ermöglichen, auf den Markt einzuwirken.

Die verschiedenen Marketinginstrumente werden gemeinsam eingesetzt. Diese Kombination nennt man **Marketingmix**.

7.2 Marktforschung

Um Marketinginstrumente erfolgreich anwenden zu können, ist es dringend erforderlich, genaue Kenntnisse über den Absatzmarkt, die Zielgruppe sowie die Konkurrenzsituation zu erlangen. Dies ist Aufgabe der **Marktforschung**. Darunter versteht man die systematische und objektive Gewinnung und Analyse von Informationen, die zur Erkennung und Lösung von Problemen im Bereich des Marketings dienen. Je mehr Informationen ein Unternehmen über den Markt hat – und je besser diese sind –, desto optimaler können die Marketinginstrumente eingesetzt werden.

Methoden der Marktforschung

Methoden der Marktforschung im Hinblick auf den ausgewerteten Zeitraum sind:

→ **Marktanalyse**: Hierbei beschränkt sich die systematische Untersuchung des Markts auf einen bestimmten Zeitpunkt: Marktsituation und -struktur werden nur punktuell – also nur einmal – dargestellt.

→ **Marktbeobachtung**: Da sich Marktverhältnisse häufig ändern, reicht eine Marktanalyse oft nicht aus. Dann wird eine ständige Marktbeobachtung notwendig. Die Marktbeobachtung ist eine fortlaufende Beobachtung der Entwicklung und Veränderung des Markts in einem bestimmten Zeitraum.

→ **Marktprognose:** Mithilfe des vorliegenden Datenmaterials wird versucht, die zukünftige Marktentwicklung richtig abzuschätzen und vorauszuberechnen.

Methoden der Marktforschung im Hinblick auf die verwendeten Informationsquellen sind:

→ Die **primäre Marktforschung** gewinnt Informationen direkt an ihrem Entstehungsort, d. h., ein bestimmter Markt wird neu und erstmalig untersucht. Sie bedient sich folgender Methoden:
  * Befragung
  * Beobachtung
  * Experiment

→ Die **sekundäre Marktforschung** wird häufig zuerst angewendet, weil sie schnell und kostengünstig zu Ergebnissen führt. Die Daten wurden für andere Zwecke erhoben, werden jetzt aber für den Untersuchungsgegenstand der Marktforschung neu aufbereitet und interpretiert. Das Datenmaterial kann entweder aus betriebsinternen (z. B. dem Warenwirtschaftssystem) oder externen (betriebsfremden) Quellen entstammen. Vorteile der sekundären Marktforschung liegen darin, dass das Datenmaterial jederzeit zur Verfügung steht und auch schnell und leicht ausgewertet werden kann.

7.3 Produktpolitik

Der **Produktpolitik** liegt folgende Frage zugrunde: Wie kann ein Produkt an die Bedürfnisse der Kunden angepasst werden?

Unter den Begriff Produkt fallen vor allem Güter, aber auch Dienstleistungen können als Produkt verstanden werden.

Die Produktpolitik beinhaltet verschiedene Teilbereiche:

→ Bei der **Produktgestaltung** geht es um die Festlegung u. a. der Eigenschaften, d. h., der Qualität, des Geschmacks, der Formen und Farben eines Produkts. Die optimale Gestaltung trägt ganz entscheidend zum möglichen späteren Markterfolg bei. Die Festlegung der Erscheinungsform eines Produkts hat daher so zu erfolgen, dass seine Eigenschaften den Anforderungen und Wünschen der potenziellen (möglichen) Kunden gerecht werden.
→ Planung des **Produktlebenszyklus**: Es muss der richtige Zeitpunkt getroffen werden, veraltete Produkte aus dem Markt zu nehmen bzw. neue Produkte einzuführen.
→ Durch Verwendung von **Markenzeichen** wird im Rahmen der Markenpolitik eine eindeutige Abhebung von den Mitbewerbern versucht.
→ Zur Produktpolitik gehört auch die **Verpackungsgestaltung**. Hier werden Entscheidungen darüber getroffen, ob und wie ein Produkt verpackt werden soll. Wichtig ist in diesem Zusammenhang insbesondere bei exklusiven Produkten, das Aussehen der Verpackung, da an ihr häufig Prestige und Image eines Produkts ausgemacht werden. Zudem dienen die Verpackungen oft als Werbeträger sowie als Träger von Informationen. Man spricht in diesem Fall von **Packung**.

7.4 Sortimentspolitik

Die **Sortimentspolitik** beantwortet im Rahmen des Marketings die Frage: Wie kann das gesamte Waren- und Dienstleistungsangebot eines Handelsunternehmens an den Bedürfnissen der Kunden ausgerichtet werden?

Die Aufgabe der Sortimentspolitik ist es, das Sortiment (Waren und/oder Dienstleistungen) des Unternehmens so zu gestalten, dass die geplanten Umsätze und Gewinne erreicht werden.

Im Rahmen der Sortimentspolitik sorgt ein Handelsunternehmen für eine möglichst optimale Gestaltung seines Gesamtangebots an Waren, Sach- und Dienstleistungen.

Die Sortimentspolitik legt den Inhalt und den Umfang des Sortiments fest. Die Sortimentspolitik beinhaltet also die Gliederung des Sortiments nach Warengruppen, Artikeln und Sorten.

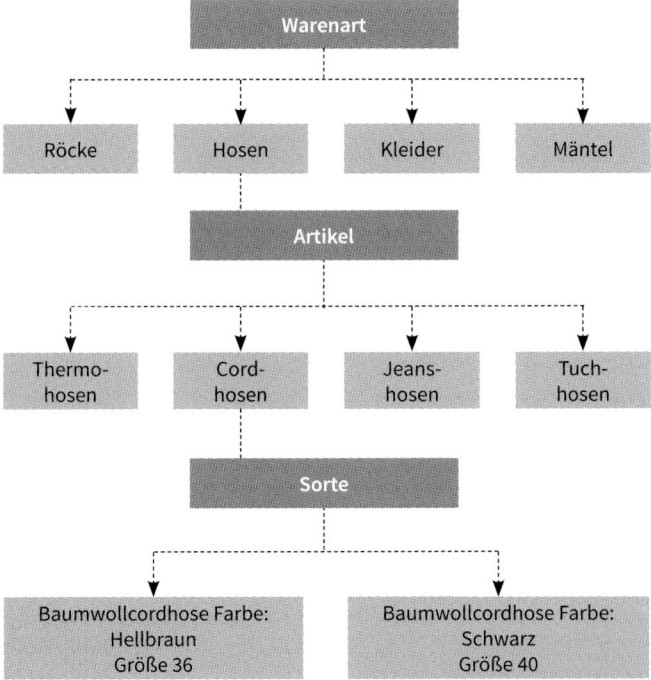

Sortimentsentwicklung und -kontrolle

Zur ständigen Sortimentskontrolle werden EDV-gestützte Warenwirtschaftssysteme eingesetzt. Werden Sortimentslücken und nichtverkäufliche Waren aufgespürt, ist eine Sortimentsveränderung notwendig. Den Händlern stehen dazu folgende Maßnahmen zur Verfügung:

--→ Bei der **Sortimentsbereinigung** (Elimination) werden bestimmte Artikel aus dem Sortiment gestrichen. Dadurch wird der Sortimentsumfang geringer.

--→ Die Sortimentserweiterung unterscheidet:
  - die Aufnahme zusätzlicher Warengruppen zur **Sortimentsverbreiterung**.
  - die Aufnahme zusätzlicher Artikel in schon bestehende Warengruppen zur **Sortimentsvertiefung**.

--→ Eine **Diversifikation** liegt vor, wenn ein Unternehmen Warengruppen neu in das Sortiment aufnimmt, die mit dem bisherigen Sortiment keine oder nur geringe Verwandtschaft aufweisen.

7.5 Preispolitik

Die Frage der **Preispolitik** lautet: Welchen Preis werden die Kunden akzeptieren?

In der Preispolitik wird zunächst festgelegt, wie viel ein Kunde für ein Produkt bezahlen muss. Die Preispolitik beschäftigt sich also mit der Festlegung des Verkaufspreises. Ein Unternehmen muss sich in der gegebenen Situation entscheiden, ob es die Kalkulation des Preises an seinen Unternehmenszielen, seinen Kosten, den Kunden oder an den Mitbewerbern ausrichtet.

Zusätzlich müssen aber auch Konditionen wie Kreditbedingungen, Rabatte und Liefer- sowie Zahlungsbedingungen festgelegt werden.

7.6 Distributionspolitik

Die **Distributionspolitik** stellt folgende Frage: Auf welchem Weg soll das Produkt die anvisierte Kundengruppe erreichen?

Mit den Instrumenten der Distributionspolitik steuert ein Unternehmen den Weg seiner Produkte zu den Kunden.

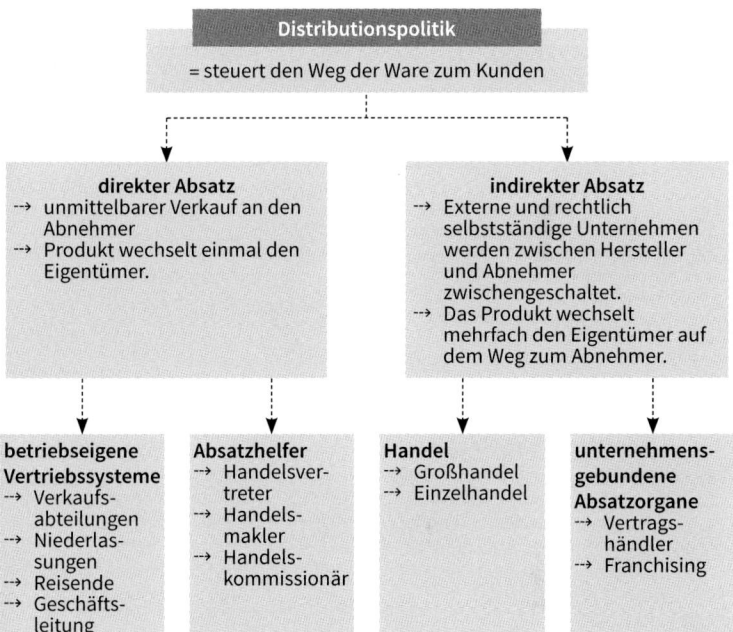

7.7 Kommunikationspolitik

Die **Kommunikationspolitik** beantwortet die Frage: Wie wird der Kunde zum Kauf animiert?

Bei der Kommunikationspolitik geht es darum, den Kontakt mit den potenziellen Kunden aufzunehmen und die Kunden dazu zu bringen, die Leistungen des Unternehmens nachzufragen. Die Kommunikationspolitik plant und steuert also die Verständigung zwischen dem Unternehmen und seiner Umwelt bzw. Teilen davon (= Zielgruppen).

Zur Kommunikationspolitik gehören verschiedene Teilinstrumente:

Kommunikationspolitik		
Teilinstrument	**Merkmale**	**Beispiele**
Absatzwerbung	Käuferbeeinflussung, die sich an alle potenziellen und anonymen Kunden richtet. Sie findet in räumlicher Distanz zum Verkaufsort statt: Die Kunden sollen zur Ware gebracht werden.	*Nutzung unterschiedlicher Printmedien, elektronischer Medien oder Onlinemedien, z. B. eine Anzeige in einer Fachzeitschrift*
Direktwerbung	direkte individuelle Ansprache von (bekannten) Zielpersonen	⇢ personalisierte Briefe ⇢ Telefonanrufe ⇢ E-Mail ⇢ SMS
Salespromotion	Auch Verkaufsförderung genannt: Den am Absatz Beteiligten wird – i. d. R. in der Verkaufsstätte – (durch Aktionen) das Verkaufen erleichtert. Die Ware wird zu den Kunden gebracht. Arten: ⇢ endverbraucherorientiert ⇢ handelsorientiert ⇢ verkäuferorientiert	⇢ z. B. Bereitstellung von Verkaufshilfen am Ort des Verkaufs (Prospekte/Displays für Fachgeschäfte) ⇢ Schulung der Fachhändler und des Außendienstes ⇢ Preisausschreiben
Public Relations	auch Öffentlichkeitsarbeit genannt: positive Darstellung des Unternehmens (nicht der Produkte)	*Ähnlich wie bei der Absatzwerbung, wobei hier die Imagepflege des Unternehmens im Vordergrund steht. Zusätzlich:* *Veranstaltungen und Ausstellungen* ⇢ *Besichtigungen* ⇢ *Publikationen* ⇢ *Internet-PR* ⇢ *Tag der offenen Tür* ⇢ *Kundenzeitung*

Kommunikationspolitik		
Teilinstrument	**Merkmale**	**Beispiele**
Product-Placement	bewusste Integration von Waren und Dienstleistungen in Kinofilme oder Fernsehsendungen	*Unterbringung von Markenartikeln als Requisiten in der Handlung so, dass sie nicht als Werbemaßnahme erkannt werden*
Human Relations	Pflege zwischenmenschlicher Beziehungen innerhalb eines Unternehmens zur Absatzförderung	*Alle Maßnahmen, die über eine Verbesserung des Betriebsklimas die Motivation der Mitarbeiter und damit evtl. mittelbar auch den Absatz steigern, z. B.* ⇢ *Betriebsausflüge* ⇢ *Betriebsfeiern* ⇢ *Werkzeitung* ⇢ *Betriebsbesichtigungen für Familienmitglieder*
Sponsoring	Personen oder Institutionen werden unterstützt und gewähren dem Unternehmen dafür bestimmte absatzfördernde Gegenleistungen (z. B. Werbemöglichkeiten).	⇢ *Sportsponsoring* ⇢ *Kultursponsoring* ⇢ *Sozialsponsoring*
persönlicher Verkauf	Professionell durchgeführte persönliche Beratungsgespräche bei Artikeln mit hohem Erklärungsbedarf sind absatzfördernd.	*1. Kontaktaufnahme zu Kunden* *2. Bedarfsermittlung* *3. Warenvorlage* *4. Verkaufsargumentation* *5. Preisnennung* *6. Einwandbehandlung* *7. Herbeiführung der Kaufentscheidung* *8. Abschluss der Verkaufshandlung*

7.8   Werbung

Im Rahmen der Kommunikationspolitik spielt besonders die Werbung eine große Rolle. **Absatzwerbung** – im normalen Sprachgebrauch auch Werbung genannt – stellt die von einem Unternehmen gesteuerte und geplante Form der Käuferbeeinflussung zur Erreichung der unternehmerischen Absatzziele dar. Werbung ist eine Kommunikationsform, die unpersönlich (richtet sich grundsätzlich an alle) und in räumlicher Distanz vom Verkaufsort durchgeführt wird.

Mit einem Werbeplan versucht ein Großhandelsunternehmen Werbeziele umzusetzen. Im **Werbeplan** sind folgende Aspekte enthalten:

--→ Wer? (z. B. ein Unternehmen, ein Verbund von Unternehmen oder eine Werbeagentur)

--→ sagt was? (Inhalt der Werbebotschaft)

--→ mit welchem Ziel? (z. B. Erhöhung des Marktanteils, Umsatzsteigerung, Erhöhung der Bekanntheit/des Images einer Marke)

--→ wann? (günstigster Zeitpunkt der Werbemaßnahme)

--→ wem? (Die Zielgruppe (Streukreis) muss bestimmt werden: Der umworbene Personenkreis wird festgelegt.)

--→ wo?

--→ wie? (Bestimmung der Werbemittel und Werbeträger)

Der Werbeplan ist abhängig vom **Werbeetat** des Unternehmens. Dies ist der Betrag, der dem Unternehmen für Werbemaßnahmen zur Verfügung steht.

Jedes Unternehmen, das wirbt, möchte auch wissen, ob sich der Einsatz von Werbemaßnahmen – und der damit verbundene finanzielle Aufwand – gelohnt hat. In diesem Zusammenhang überprüft die **Werbeerfolgskontrolle**, ob die Ziele der Werbung erreicht wurden. Mit der Ermittlung der Werberendite versucht man in Großhandlungsunternehmen , die Wirtschaftlichkeit der Werbung zu messen. Hier wird der ökonomische Erfolg ermittelt. Der durch die Werbung erzielte Umsatzzuwachs wird dabei ins Verhältnis zu den Werbekosten gebracht:

$$\frac{\text{Umsatzzuwachs}}{\text{Werbekosten}} \cdot 100 = \text{Werberendite}$$

7.9 Das Marketingkonzept

Marketingmaßnahmen werden nur dann erfolgreich sein, wenn sie systematisch und sorgfältig geplant, durchgeführt und anschließend kontrolliert werden. Dieses Vorgehen wird durch konsequentes Aufstellen eines **Marketingkonzepts** unterstützt, das alle für eine Marketingmaßnahme wichtigen Informationen enthält.

Stufen eines Marketingkonzepts		
Marketingerfolg	Marketing-controlling	Es findet eine umfassende und systematische Kontrolle aller Marketingmaßnahmen statt.
	Marketing-maßnahmen	Hier werden die Einzelmaßnahmen der kommunikationspolitischen Instrumente detailliert beschrieben.
	Marketing-strategie	Es wird der Weg zu den Zielen festgelegt: Jetzt ist beispielsweise klar, welche Zielgruppen auf welchen Märkten mit welchen Marketinginstrumenten mit welchem Etat in den Blickpunkt des Vorgehens kommen.
	Marketing-ziele	Kennt man die Marktsituation, können die Marketingziele formuliert werden. Unterschieden wird zwischen quantitativen (Absatz, Umsatz, Gewinn, Marktanteil usw.) und qualitativen Zielen (Image, Bekanntheit usw.).
	Situations-analyse	Die aktuelle Lage wird z. B. durch Marktforschung ausgewertet.

7.10 Gesetz gegen den unlauteren Wettbewerb

Idealerweise sollten sich Werbemaßnahmen nur an der Qualität und dem Preis der Waren orientieren. Oft bewusst, manchmal unbewusst, verstoßen jedoch viele Unternehmen dagegen. Dadurch werden einerseits Mitbewerber um ihre Chancen betrogen, die potenziellen Kunden (andere Unternehmen, vor allem aber Verbraucher) andererseits getäuscht bzw. irregeführt.

Gegen ein solches unzulässiges Verhalten richtet sich das **Gesetz gegen den unlauteren Wettbewerb** (UWG). Dessen Generalklausel ist allgemein formuliert und verbietet grundsätzlich alle unlauteren geschäftlichen Handlungen, soweit es sich nicht um Bagatellfälle handelt. In einer **schwarzen Liste** listet das UWG-Gesetz konkret unzulässige Wettbewerbshandlungen auf, u. a.:

--→ unzumutbare Belästigungen
--→ Mondpreiswerbung
--→ Lockvogelwerbung
--→ vergleichende Werbung
--→ irreführende Werbung

8 Kundenkommunikation

8.1 Das Kundenbeziehungsmanagement

Unter dem **Kundenbeziehungsmanagement** (Customer-Relationship-Management = CRM) versteht man den Ausbau der Beziehung zu den Kunden: Bestehende Kunden zu halten ist billiger, als Neukunden zu gewinnen.

Aftersales Servicemaßnahmen

Ein ganz wichtiger Teilbereich des CRM sind die **Aftersales Services:** Nach dem Kauf eines Produkts (oder einer Dienstleistung) wird die gesamte Nutzungsdauer herangezogen, um die Kundenzufriedenheit zu steigern. Dazu gehören unter anderem:

--→ Beschwerdemanagement
--→ Couponing (Ausgabe von Gutscheinen)
--→ Kundenkarten
--→ Kundenklubs
--→ One-to-one-Marketing (direkte Kundenansprache)
--→ Events, Kundenabende und Filialfeste
--→ Kundenzeitschriften
--→ Ersatzteillogistik
--→ Reparatur und Wartung

Im Rahmen des **Beschwerdemanagements** ist bei Kundenreklamationen Folgendes zu beachten:

--→ sich ruhig und freundlich verhalten
--→ Reklamation sofort bearbeiten
--→ Reklamation ernst nehmen und dies den Kunden (z. B. durch Zuhören, Ausreden-
   lassen) zeigen

Schritte einer erfolgreichen **Reklamationsbehandlung**:

1. Durch aktives Zuhören den Kunden ermöglichen „Dampf" abzulassen.
2. Klärung des Sachverhalts: Recherchieren (Wie ist es zur Unzufriedenheit des Kunden gekommen?)
3. Wenn es die eigene Schuld ist: Entschuldigen!
4. Wenn Fremdverschulden vorliegt: Hilfe anbieten!
5. Für Abhilfe sorgen!
6. Alles tun, um die Beziehung aufrechtzuerhalten.

Weitere Servicemaßnahmen

Warenbezogene Dienstleistungen von Großhandelsbetrieben sind z. B.:

--→ Produktberatung und Produktinformation
--→ Gebrauchsanleitungen
--→ Aufstellen und Inbetriebnahme von technischen Geräten
--→ Garantiegewährung, Reparaturservice
--→ Inspektions- und Wartungsservice
--→ Ersatzteildienst
--→ Ersatzbereitstellung im Falle von Reparatur und Wartung
--→ Warenmanipulation

Nicht warenbezogene Dienstleistungen, die von Großhandelsbetrieben angeboten werden können, sind z. B.:

--→ Übernahme von betrieblichen Funktionen der Kunden (Rechnungswesen, Werbung usw.)
--→ Überlassung von EDV-Kapazitäten
--→ Unternehmensberatung
--→ Personalschulung
--→ Finanzierungshilfen

8.2 Einbeziehung der Kundenstruktur ins Marketing

Um Verkaufsmaßnahmen kundenorientiert planen und durchzuführen zu können, muss die Kundenstruktur ermittelt werden. Dies kann geschehen anhand folgender Merkmale:

--→ Auftragshöhe
--→ Bonität

--» Zahlungsmoral
--» Marktanteil oder Marktpotenzial
--» Marktstellung
--» Unternehmensgröße

Ziele einer solchen Ermittlung der Kundenstruktur sind eine bessere Versorgung des Großhandelsunternehmens mit Informationen und eine zielgerichtetere Bereitstellung von Angeboten. In diesem Zusammenhang können die Marketingmaßnahmen Marktsegmentierung und Kundenselektion eingesetzt werden.

Marktsegmentierung und Kundenselektion

Bei der **Marktsegmentierung** wird der – in der Regel unübersichtliche – Markt nach bestimmten Gesichtspunkten in möglichst einheitliche Untergruppen eingeteilt. Diese nennt man **Marktsegmente**. Die Marktsegmente können dann mithilfe direkt auf sie zugeschnittener Marketingmaßnahmen bearbeitet werden.

Vorteile der Marktsegmentierung:

--» Durch speziell zugeschnittene Marketingaktivitäten fällt es leichter, neue Kunden zu gewinnen bzw. alte Kunden stärker zu binden.
--» Wird der Einsatz der jeweiligen Marketinginstrumente auf die Zielgruppe genau abgestimmt, erfolgt dies effizient. So werden Streuverluste vermieden.

Die Marktsegmentierung kann auch zur **Kundenselektion** führen. Ziel der Kundenselektion ist die Bestimmung einer Zielgruppe unter Aussonderung unrentabler Kunden. Die Marketingaktivitäten werden dann gezielt auf die gewinnversprechenden Kunden gelenkt.

Für die Marktsegmentierung kann das Unternehmen grundsätzlich alle jene Merkmale heranziehen, auf die aus absatzpolitischen Gründen besonderen Wert gelegt wird.

Kunden können u. a. nach folgenden Kriterien für die Marktsegmentierung bzw. Kundenselektion ausgewählt werden:

--» durchschnittliche Auftragsgröße (Einzelaufträge, Kleinabnehmer, Großabnehmer)
--» Zahlungsmoral (Kunden, die gemahnt wurden; Kunden innerhalb des Zahlungsziels; Kunden innerhalb der Skontofrist)
--» Geschäftstyp (Fachhandel, Discounter usw.)
--» Dauer der Kundenbeziehung
--» Absatzgebiete (z. B. Entfernungszonen, die kostengünstig oder -ungünstig zu beliefern sind)

8.3 Der Onlineauftritt eines Großhandelsunternehmens

Immer mehr Großhandelsunternehmen erkennen, dass der Einstieg in den E-Commerce ein entscheidender Erfolgsfaktor für sie wird. Großhandlungen treten im B2B-Bereich des E-Commerce auf.

⇢ Unter **B2B** versteht man alle Formen des elektronischen Handels zwischen Unternehmen.
⇢ Unter **B2C** versteht man die elektronischen Handelsbeziehungen zu Endkunden. Dies ist auf der Angebotsseite eines Einzelhandelsunternehmens der elektronische Versandhandel mit Endkunden.

Es gibt verschiedene Möglichkeiten, über das Internet Waren und Dienstleistungen zu verkaufen. Diese können jeweils in Reinform betrieben werden, sie können jedoch auch mit klassischen Vertriebswegen kombiniert werden.

Eigener Webshop

Ein **Webshop** (oft auch **Onlineshop** genannt) ist eine Betriebsform, bei der die Waren möglichst anschaulich auf Internetseiten präsentiert werden. Sie können in einen elektronischen Warenkorb gelegt und über Mausklick bestellt werden. Mit einiger Verzögerung werden die Artikel dann in die Adresse der Kunden geliefert. Der Handel von Waren und Dienstleistungen über das Internet erfordert einen dem realen Geschäft vergleichbaren Ablauf.

Ein optimaler Onlineshop sollte bestimmte Anforderungen erfüllen: Er sollte ansprechend gestaltet und benutzerfreundlich sein, um erfolgreich zu funktionieren.

Ein idealer Webshop umfasst folgende Funktionen:

⇢ Begrüßung
⇢ News
⇢ Firmenpräsentation
⇢ Sonderangebote
⇢ Feststellung und Prüfung der Kundenidentität
⇢ Produktkatalog mit weitgehenden Informationen, wie z. B. Testberichte, Produktverfügbarkeit usw.
⇢ Warenkorb und Preisberechnung
⇢ Bestellung
⇢ Bestellbestätigung
⇢ Zahlungsabwicklung
⇢ AGB

Ein großes Augenmerk sollte darauf gelegt werden, wie das Angebot des Unternehmens bekannt gemacht wird: Es ist von enormer Bedeutung, dass Kunden den Webshop sofort finden. Der Webshop ist ein direkter Verkaufskanal: Hier sollen Kunden Kaufverträge abschließen.

Verkaufsplattformen und Marktplätze

Unternehmen können ihre Artikel zusätzlich auf **Verkaufsplattformen** anbieten. Dort werden unter einer Internetadresse vom Betreiber verschiedene Angebote zusammengefasst. Verkaufsplattformen haben das Ziel, viele verschiedene Verkäufer an einem Ort zu konzentrieren, damit diese gegenseitig profitieren können. Da Kunden nicht mehr langwierig suchen müssen, wird der Kauf deutlich vereinfacht.

Es gibt verschiedene Arten von Plattformen:

--→ Marktplätze
--→ Auktionen
--→ regionale Marktplätze

Ein **Marktplatz** unterscheidet sich von einem normalen Webshop dadurch, dass der Betreiber nicht an der geschäftlichen Transaktion (zwischen Kunde und Anbieter) beteiligt ist: Er unterstützt sie stattdessen technisch und organisatorisch.

Aus Sicht vieler Großhändler wird es immer schwieriger, mit einem Webshop Kunden im Internet zu erreichen: Es besteht ein Wettbewerb um die besten Plätze bei Suchmaschinen. Dies betrifft sowohl den unbezahlten als auch den bezahlten Bereich. Alle Bestandteile des Onlinehandels werden immer herausfordernde und komplexer: Ständig und parallel müssen verschiedene Maßnahmen ergriffen werden, um sich am Markt zu halten.

Auf B2B-Marktplätzen treffen Unternehmen als Käufer (z. B. Einzelhandelsunternehmen) auf gewerbliche Anbieter (Großhandelsunternehmen, Industrieunternehmen). Eine große Rolle auf B2B-Marktplätzen spielt das **Electronic Procurement:** Darunter wird die teilweise oder vollständig automatisierte Beschaffung im Einkauf verstanden. In erster Linie stehen dabei die Verbesserung und Optimierung der Beschaffungsprozesse in Form der funktions- und unternehmensübergreifenden Aktivitäten im Mittelpunkt. Ziel ist es dabei vorrangig, die Bearbeitungs- und Durchlaufzeiten zu minimieren. Erst in zweiter Linie sollen die Einkaufskosten durch Bedarfs- und Lieferantenoptimierung reduziert werden.

Im Gegensatz zu normalen Online-Marktplätzen bietet im Normalfall ein **regionaler Online-Marktplatz** nur ein lokal verfügbares Angebot von Produkten und Dienstleistungen in einem regional begrenzten Raum an.

Produkte können im Internet auch über **Versteigerungen (Auktionsplattformen)** verkauft werden. Onlineauktionen sind Auktionen, die über das Internet veranstaltet werden. Hierbei läuft der Prozess in der Regel immer ähnlich ab: Nachdem man sich als Verkäufer angemeldet hat, kann man seine Artikel auf der Auktionsplattform einstellen. Man bekommt eine Benachrichtigung (z. B. per E-Mail), sobald ein Produkt vom Kunden ersteigert wurde.

Die Vorteile für Händler liegen vor allem in der hohen Kundenbasis. Als nachteilig können sich vergleichsweise hohe Gebühren erweisen. Händler haben zudem nur geringe Einflussmöglichkeiten auf das Layout.

Nach Abschluss einer Auktion zahlt der erfolgreiche Bieter in der Regel per Nachnahme oder Überweisung, in einigen Fällen auch bar bei Abholung. Die Ware wird dann an den Kunden versendet bzw. kann mitgenommen werden.

Social Media

Auch **Social Media** bietet sich als Verkaufskanal an. Großhandelsunternehmen treten gezielt mit einem bestehenden Kundenstamm oder interessierten (potenziellen) Neukunden in eine Kommunikation ein. Je nach Zielsetzung werden unterschiedliche Bestrebungen verfolgt, wie etwa die Kundengewinnung, die Imageverbesserung, die Verfolgung von Absatz- und Umsatzzielen oder die Informationsverbreitung etc.

Die meisten Social-Media-Kanäle gelten allgemein als soziale Netzwerke. Allen gemeinsam ist die digitale Vernetzung der Nutzer untereinander. In sozialen Netzwerken verbinden sich die Nutzer über ihre selbst erstellten Profile. Sie geben aus marketingrelevanter Sicht eine Vielzahl an Daten preis, für die sich wiederum die Unternehmen interessieren – und das kostenlos.

8.4   Onlinemarketing

Onlinemarketing ist heute für immer mehr Handelsunternehmen ein nicht wegzudenkendes Werkzeug, um den Vertrieb der Produkte zu erleichtern. Onlinemarketing umfasst alle Marketingmaßnahmen im Internet.

Formen des Onlinemarketing

Es gibt unterschiedliche Möglichkeiten.

→ Die **Bannerwerbung** (Display-Marketing) nutzt Banner: Ein Werbebanner ist eine Grafik- oder Animationsdatei mit Werbetext, die in eine Website eingebunden ist.

Es ist also eine digitale Werbefläche auf Internetseiten. Sie verweist dort als Hyperlink auf die Webseite des Anbieters. Diese kann durch Klicken direkt erreicht werden.

In sehr vielen Fällen verdienen die Betreiber der Internetseite einen bestimmten Geldbetrag, wenn das Werbebanner eingeblendet wird. Manchmal fließt erst Geld, wenn Besucher das Werbebanner anklicken oder wenn eine bestimmte Aktion ausgelöst wird (z. B. eine Bestellung).

Für Handelsunternehmen sind zwei Arten des Display-Marketings bedeutend:

- Das Unternehmen schaltet diese spezielle Art von Werbeanzeigen auf der eigenen Internetseite.
- Eine andere Möglichkeit besteht darin, den eigenen Werbebanner gegen Gebühr auf einer anderen Internetseite unterzubringen, die ebenfalls die Zielgruppen des Unternehmens anspricht. Dadurch kann eine viel größere Reichweite dieser Marketingmaßnahme erreicht werden.

--→ Eine Sonderform des Display-Marketings ist das **Affiliate-Marketing**: Hierbei empfehlen Betreiber von Websites die Website eines Anbieters. Sie platzieren Produktempfehlungen auf ihren Websites, verlinken diese zu dem entsprechenden Anbieter und werden nach Vertragsabschluss erfolgsbasiert für ihre Empfehlung vergütet. Der Vorteil für die Anbieter liegt darin, dass sie nur im Erfolgsfall zahlen. Häufig finden sich die Anbieter von Produkten und Dienstleistungen und die Webseitenbetreiber in Affiliate-Netzwerken zusammen. Anbieter haben dort eine Vielzahl von Partnern (engl. affiliates), um ihre Dienstleistungen oder Produkte zu vermarkten.

--→ Eine weitere wichtige Maßnahme des Onlinemarketings ist das **Tracking**: Dies ist die Verfolgung der Bewegung der Nutzer im Internet. Mit dem Tracking werden die Bewegungsdaten der Besucher der Internetseite erfasst. Von jedem Besucher wird ein Kundenprofil erstellt, aus dem sich die Interessen und Vorlieben der Person ableiten lassen.

--→ Beim **Targeting** wird versucht, Onlinewerbung so genau wie möglich auf die Zielgruppe auszurichten. Frei übersetzt kann Targeting auch als Zielgruppenansprache bezeichnet werden. Ziel des Targetings ist es, soweit wie möglich Streuverluste bei den Werbemaßnahmen zu vermeiden.

--→ Suchmaschinen sind ein sehr wichtiger Vertriebskanal für Händler. Sucht ein Kunde einen Shop bzw. einen Artikel, müssen diese unter den ersten Suchergebnissen erscheinen, um wahrgenommen zu werden. Ein gutes Ranking in Suchmaschinen generiert hohe Umsätze. Für eine optimale Nutzung dieses Vertriebsweges muss ein Unternehmen mittlerweile eine professionelle **Suchmaschinenoptimierung** (**SEO** = Search Engine Optimization) betreiben. Darunter werden alle Maßnahmen verstanden, die darauf abzielen, dass

Webseiten in den organischen Suchergebnisseiten von Suchmaschinen auf höheren Plätzen gelistet werden. Die **Suchmaschinenwerbung** ist eine Werbemöglichkeit in Suchmaschinen wie Google oder Bing. Der Fachausdruck dafür ist Search Engine Advertising (SEA). Gibt ein Kunde in die Suchmaske der Suchmaschine bestimmte Schlüsselbegriffe (Keywords) ein, die für den Webshop ausgewählt worden sind, erscheint auf der Suchmaschinenseite eine Anzeige. Bei jedem Klick von Kunden auf diese Anzeige, zahlt der Händler einen bestimmten Betrag an den Betreiber der Suchmaschine.

--> Um Neukunden zu gewinnen oder Bestandskunden für neue Entwicklungen zu sensibilisieren, werden im Rahmen des **E-Mail-Marketings** durch direkte E-Mails gezielt Kunden angeschrieben. Beispielsweise können Kunden über Newsletter (elektronische Rundschreiben, die oft die Funktion von Kundenzeitschriften haben) über neue Angebote informiert werden.

Wegen der geringen Versandkosten, der hohen Versandgeschwindigkeit und dank der unterschiedlichsten Gestaltungsmöglichkeiten nimmt E-Mail-Marketing eine wichtige Rolle innerhalb des Onlinemarketings ein.

--> Eine immer größere Bedeutung im Onlinemarketing nimmt das **Influencer-Marketing** ein. Immer mehr Unternehmen, die im Internet auftreten, also z. B. auch Webshops, setzen auf Influencer, um in der digitalen Welt sichtbar zu werden. Ein Influencer ist eine Persönlichkeit der realen Welt, die in den sozialen Medien ein hohes Ansehen genießt und dort stark präsent ist. Dadurch bekommen diese Personen für das Onlinemarketing eine große Bedeutung. Influencer (wörtlich übersetzt: Beeinflusser) sind Meinungsmacher, deren Äußerungen in den sozialen Medien stark beachtet werden. Da diese als fachlich kompetent und sehr vertrauenswürdig angesehen werden, können sie von Unternehmen zur Erreichung von Unternehmenszielen in ihre Marketingstrategie einbezogen werden. Influencer sollen Einfluss auf die Bewertung und Beurteilung von Produkten und Marken nehmen. Hauptziel des Influencer-Marketings ist zunächst einmal also die Steigerung der Bekanntheit der Unternehmen bzw. der von ihnen vertriebenen Produkte und Marken.

9 Verkaufsplanung

9.1 Die Preisgestaltung

Die Preispolitik umfasst alle Entscheidungen, die sich mit der Festsetzung der Preise und der Lieferungs- und Zahlungsbedingungen für die vom Unternehmen angebotenen Leistungen beschäftigen.

Bei der Preisgestaltung müssen Unternehmer neben ihrer innerbetrieblichen Kostensituation eine Reihe außerbetrieblicher Einflussgrößen beachten. Dazu gehören besonders:

- → Beschaffungskosten
- → Preisempfehlungen der Hersteller (d. h., unverbindliche Empfehlungen an den Handel, zu diesen Preisen zu verkaufen. Händler sind an diese Empfehlung nicht gebunden.)
- → Konkurrenzsituation
- → Verhalten der Kunden
- → gesetzliche Bestimmungen, z. B. Regelungen des Gesetzes gegen den unlauteren Wettbewerb.

Maßnahmen der Preisgestaltung

Bei **Sonderangeboten** werden einzelne normal kalkulierte Waren für kurze Zeit zu vergleichsweise niedrigen Preisen angeboten.

Preisdifferenzierung liegt vor, wenn ein Unternehmen die gleiche Ware oder Dienstleistung zu unterschiedlichen Preisen anbietet. Sie dient dazu, sich an unterschiedliche Marktgegebenheiten anzupassen:

- → Räumliche Preisdifferenzierung: Die gleiche Ware wird an verschiedenen Orten zu verschiedenen Preisen angeboten.
- → Personelle Preisdifferenzierung: Die gleiche Ware wird unterschiedlichen Kundengruppen zu unterschiedlichen Preisen angeboten.
- → Zeitliche Preisdifferenzierung: Die gleiche Ware oder Dienstleistung wird zu verschiedenen Zeiten zu unterschiedlichen Preisen angeboten.
- → Mengenmäßige Preisdifferenzierung: Bei Abnahme größerer Mengen einer Ware wird ein günstigerer Preis gewährt.

Rabatte sind Nachlässe von einheitlich festgelegten Bruttopreisen. Der einmal von einem Anbieter festgelegte Preis für eine Ware kann durch die Gewährung von Rabatten oder Naturalrabatten verändert werden. Sie können u. a. gewährt werden:

- → für die Abnahme größerer Mengen (Mengenrabatt)
- → an langjährige Kunden (Treuerabatt)
- → an Händler und Produktionsbetriebe (Wiederverkäuferrabatt)
- → an Betriebsangehörige (Personalrabatt)
- → für vorzeitige Zahlung (Skonto)
- → wenn ein Kunde am Ende eines Jahres einen bestimmten Mindestumsatz erreicht oder überschritten hat (Bonus)

Naturalrabatte sind Rabatte, die in Form von Waren gewährt werden. Sie können als Draufgabe oder Dreingabe gewährt werden. Bei der **Draufgabe** muss der Kunde die bestellte Ware bezahlen und erhält zusätzliche Ware gratis. Bei der **Dreingabe** muss der Kunde nur einen Teil der gewünschten Ware bezahlen, der Rest ist gratis.

Beim **nettopreisbezogenen Preisstellungssystem** wird der Großhandelsverkaufspreis für die Abnehmer nachvollziehbar gebildet, indem zum Bezugspreis des Großhandelsbetriebes ein Kosten- und Gewinnzuschlag addiert wird. Von diesem Preis werden den Abnehmern keine Rabatte mehr gewährt.

Beim **Bruttopreissystem** werden den Abnehmern dagegen auf einen Bruttopreis Rabatte in unterschiedlicher Höhe gewährt.

9.2 Die Kalkulation von Verkaufspreisen

Bei der **Vorwärtskalkulation** wird der Listenverkaufspreis ermittelt.

	%		€
Listeneinkaufspreis	100 %		70,00
− Liefererrabatt	− 10 %		− 7,00
= **Zieleinkaufspreis**	90 % ▼→	100 %	63,00
− Liefererskonto		− 2 %	− 1,26
= **Bareinkaufspreis**		98 % ▼	61,74
+ Bezugskosten			+ 2,67
= **Einstandspreis/Bezugspreis**	100 %		64,41
+ Handlungskosten	+ 43 %		+ 27,70
= **Selbstkosten**	= 143 % ▼→	100 %	92,11
+ Gewinn		+ 11 %	+ 10,13
= **Barverkaufspreis**	94 % ←	= 111 % ▼	102,24
+ Kundenskonto	+ 2 %		+ 2,18
+ Vertreterprovision	+ 4 %		+ 4,35
= **Zielverkaufspreis**	100 % →	90 %	108,77
+ Kundenrabatt		+ 10 %	+ 12,09
= **Listenverkaufspreis**		100 % ▼	120,86

Wichtige Begriffe der Verkaufskalkulation sind:

-→ **Handlungskosten** (Kosten, um den gesamten Betrieb führen zu können, wie z. B. Gehälter, Raumkosten, Werbekosten usw.)
-→ **Selbstkostenpreis** (Preis, zu dem alle Kosten im Zusammenhang mit der Ware abgedeckt sind)

--→ **Gewinnzuschlag** (beinhaltet den geplanten Gewinn pro Artikel und wird den Selbstkosten hinzugerechnet)
--→ **Nettoverkaufspreis** (der reine Preis für die Ware ohne Umsatzsteuer)
--→ **Bruttoverkaufspreis** (Gesamtpreis der Ware einschließlich Umsatzsteuer)

Der Kalkulationszuschlag ist die Differenz zwischen Bezugspreis (Einstandspreis) und Bruttoverkaufspreis, ausgedrückt in Prozent des Bezugspreises. Der Bezugspreis stellt die Ausgangsgröße (einen normalen Grundwert), also 100 % dar. Der Kalkulationszuschlag muss bei der Verkaufspreisermittlung auf den Bezugspreis aufgeschlagen werden, um den (neuen) Verkaufspreis zu erhalten.

$$\text{Kalkulationszuschlag} = \frac{(\text{Listenverkaufspreis} - \text{Bezugspreis}) \cdot 100}{\text{Bezugspreis}}$$

Angebotspreis = Bezugspreis + Kalkulationszuschlag

Beispiel:

$$\text{Kalkulationszuschlag} = \frac{120,86 - 64,41 \cdot 100}{64,41} = 87,64 \,\%$$

Um den **Kalkulationsfaktor** für eine Warengruppe zu ermitteln, muss man den Listenverkaufspreis eines Produkts der Warengruppe durch den Bezugspreis teilen.

$$\text{Kalkulationsfaktor} = \frac{\text{Listenverkaufspreis}}{\text{Bezugspreis}}$$

Zur Ermittlung der neuen Listenverkaufspreise für die übrigen Produkte der Warengruppe werden die Bezugspreise dieser Produkte mit dem Kalkulationsfaktor multipliziert.

(Neuer) Listenverkaufspreis = Bezugspreis · Kalkulationsfaktor

Beispiel:

$$\text{Kalkulationsfaktor} = \frac{120,86}{64,41} = 1,8764167 \sim 1,8864$$

Neuer Verkaufspreis = 34,97 € · 1,8764 = 65,62 €

Bei der Vorwärtskalkulation ist der Listeneinkaufspreis gegeben und der Bruttoverkaufspreis soll gesucht werden. Bei der **Rückwärtskalkulation** ist hingegen der Bruttoverkaufspreis gegeben und der Listeneinkaufspreis wird gesucht.

	%		€
Listeneinkaufspreis	100 %		*233,17*
− Liefererrabatt	− 7 %		*− 16,32*
= **Zieleinkaufspreis**	93 %	100 %	*216,85*
− Liefererskonto		− 2 %	*− 4,13*
= **Bareinkaufspreis**		98 %	*212,51*
+ Bezugskosten			*+ 18,23*
= **Einstandspreis/Bezugspreis**	100 %		*230,74*
+ Handlungskosten	+ 37 %		*+ 85,37*
= **Selbstkosten**	= 137 %	100 %	*316,11*
+ Gewinn		17 %	*+ 53,74*
= **Barverkaufspreis**	98 %	= 117 %	*369,85*
+ Kundenskonto	+ 2 %		*+ 7,55*
= **Zielverkaufspreis**	100 %	90 %	*377,40*
+ Kundenrabatt		+ 10 %	*+ 41,93*
= **Listenverkaufspreis (netto)**		100 %	*419,33*

Die **Differenzkalkulation** dient der Ermittlung des Gewinnes (Verlustes) einer Ware bei gegebenen Selbstkosten (Einstandspreis) und gegebenem Verkaufspreis. Der Gewinn/Verlust wird sowohl vorwärtskalkulierend als auch rückwärtskalkulierend ermittelt

	%		€
Listeneinkaufspreis	100 %		*250,00*
− Liefererrabatt	− 9 %		*− 22,50*
= **Zieleinkaufspreis**	91 %	100 %	*227,50*
− Liefererskonto		− 2 %	*− 4,55*
= **Bareinkaufspreis**		98 %	*222,95*
+ Bezugskosten			*+ 18,23*
= **Einstandspreis/Bezugspreis**	*100 %*		*241,18*
+ Handlungskosten	*+ 37 %*		*+ 89,24*
= **Selbstkosten**	*= 137 %*	100 %	*330,42*
+ Gewinn		*+ 7,36 %*	*+ 24,33*
= **Barverkaufspreis**	94 %	107,36 %	*354,75*
+ Kundenskonto	+ 2 %		*+ 7,55*
+ Vertreterprovision	+ 4 %		*+ 15,10*
= **Zielverkaufspreis**	*= 100 %*	90 %	*377,40*
+ Kundenrabatt		+ 10 %	*+ 41,93*
= **Listenverkaufspreis (netto)**		= 100 %	**419,33**

10 Kaufvertragsrecht

10.1 Abschluss von Verträgen

Rechtsgeschäfte entstehen durch eine oder mehrere Willenserklärungen. Willenserklärungen sind gewollte und zwangsfreie Erklärungen einer Person.

Einseitige Rechtsgeschäfte entstehen durch die Willenserklärung nur einer Person:

--→ Empfangsbedürftige Willenserklärungen sind z. B. Kündigungen, Mahnungen, Bürgschaften. Sie sind erst dann wirksam, wenn sie einer anderen Person zugehen.
--→ Nicht empfangsbedürftige Willenserklärungen sind z. B. Testamente. Sie sind gültig, ohne dass sie einer anderen Person zugehen.

Verträge sind mehrseitige Rechtsgeschäfte. Sie kommen grundsätzlich durch die Abgabe von zwei übereinstimmenden gültigen Willenserklärungen zustande: Die erste Willenserklärung wird als **Antrag**, die zweite Willenserklärung als **Annahme** bezeichnet. Mit der Annahme des Antrags ist ein Vertrag abgeschlossen.

Ein Verkäufer verschafft im Rahmen eines Kaufvertrages einem Käufer das **Eigentum** an der Ware durch Einigung und Übergabe der Ware. Der Käufer wird damit Eigentümer der Ware. Eigentümer einer Sache ist derjenige, dem eine Sache gehört (rechtliche Verfügungsgewalt).

Besitzer einer Sache ist derjenige, der eine Sache hat (tatsächliche Verfügungsgewalt). Häufig sind **Besitzer** und Eigentümer einer Sache identisch.

Für den Abschluss von Rechtsgeschäften gilt der Grundsatz der **Vertragsfreiheit**. Diese setzt sich zusammen aus:

--→ **Abschlussfreiheit** (Jeder Person steht es frei, einen Vertrag abzuschließen.)
--→ **Formfreiheit** (Für den Abschluss eines Vertrags gibt es keine Formvorschrift. Nur in wenigen Ausnahmefällen ist eine bestimmte Form des Vertragsabschlusses vorgeschrieben.)
--→ **Inhaltsfreiheit** (Die Vertragspartner können die Inhalte eines Vertrags frei festlegen.)

10.2 Anfechtung und Nichtigkeit von Verträgen

Nichtigkeit

In verschiedenen Fällen können Rechtsgeschäfte von Anfang an ungültig sein (nichtig). Gründe für **Nichtigkeit**:

--> Willenserklärungen von Geschäftsunfähigen

--> Willenserklärungen von beschränkt Geschäftsfähigen gegen den Willen des gesetzlichen Vertreters

--> Willenserklärungen, die im Zustand der Bewusstlosigkeit oder vorübergehender Geistesstörung abgegeben wurden

--> Scherzgeschäft

--> Scheingeschäft

--> sittenwidriges Rechtsgeschäft

--> Fehlen der vorgeschriebenen Form

--> Verstoß gegen ein gesetzliches Verbot

Anfechtung

In anderen Fällen können Rechtsgeschäfte bis zu einer **Anfechtung** rechtsgültig sein. Gründe dafür können sein:

--> Irrtum
  - in der Erklärung
  - in der Eigenschaft einer Person oder Sache
  - in der Übermittlung

--> widerrechtliche Drohung

--> arglistige Täuschung

10.3 Rechtsfähigkeit und Geschäftsfähigkeit

Unter **Rechtsfähigkeit** versteht das Gesetz die Fähigkeit einer Person, Träger von Rechten und Pflichten zu sein. Eine Person hat z. B. das Recht, ein Geschäft zu erben, oder die Pflicht, die Schule zu besuchen. Rechtsfähig sind nicht nur Menschen (= natürliche Personen), sondern auch Personenvereinigungen (= juristische Personen), z. B. Vereine, Aktiengesellschaften, Gesellschaften mit beschränkter Haftung, Genossenschaften.

Die Rechtsfähigkeit natürlicher Personen beginnt mit der Vollendung der Geburt und endet mit dem Tod. Die Rechtsfähigkeit juristischer Personen beginnt mit der Gründung (Eintragung in ein Handels- oder Vereinsregister) und endet mit ihrer Auflösung.

Unter **Geschäftsfähigkeit** versteht das Gesetz die Fähigkeit von Personen, Rechtsgeschäfte rechtswirksam abzuschließen. Unterschieden werden drei Arten der Geschäftsfähigkeit:

---→ **Unbeschränkte Geschäftsfähigkeit**: Personen, die das 18. Lebensjahr vollendet haben, können uneingeschränkt Rechtsgeschäfte abschließen.

---→ **Beschränkte Geschäftsfähigkeit**: Willenserklärungen von Personen, die mindestens sieben Jahre, aber unter 18 Jahre alt sind, sind schwebend unwirksam bis auf bestimmte Ausnahmen, z. B.
  • Geschäfte im Rahmen des Taschengeldes
  • Rechtsgeschäfte, die nur Vorteile bringen

---→ **Geschäftsunfähigkeit**: Willenserklärungen von Kindern unter sieben Jahren und dauernd geisteskranken Personen sind nichtig.

10.4 Erfüllungsort und Gerichtsstand

Der **Erfüllungsort** ist der Ort, an dem der Schuldner seine Leistung zu erbringen hat.

Gesetzliche Regelung: Wenn zwischen Käufer und Verkäufer keine vertragliche Regelung getroffen wurde, ist der Erfüllungsort der Wohn- oder Geschäftssitz des Schuldners (= gesetzlicher Erfüllungsort).

Da durch den Abschluss eines Kaufvertrags sowohl der Verkäufer als auch der Käufer Leistungsverpflichtungen übernommen haben, gibt es auch zwei Erfüllungsorte:

---→ Der Verkäufer schuldet dem Käufer die ordnungsgemäße Lieferung der Ware (= Warenschulden). Deshalb ist der Erfüllungsort für die Warenlieferung der Wohn- oder Geschäftssitz des Verkäufers.

---→ Der Käufer schuldet dem Verkäufer die fristgerechte Zahlung des Kaufpreises (= Geldschulden). Deshalb ist der Erfüllungsort für die Zahlung der Wohn- oder Geschäftssitz des Käufers.

Im Rahmen der vertraglichen Regelung können Verkäufer und Käufer Abweichungen von der gesetzlichen Regelung vertraglich vereinbaren. Man spricht dann von einem vertraglichen Erfüllungsort.

Der **Gerichtsstand** ist der Ort, an dem die Vertragsparteien in Konfliktfällen klagen oder verklagt werden können.

Der gesetzliche Erfüllungsort bestimmt den Gerichtsstand, wenn vertraglich nichts anderes vereinbart wurde. Für Warenschulden ist der Gerichtsstand somit der Geschäfts- oder Wohnsitz des Verkäufers. Für Geldschulden ist der Gerichtsstand der Geschäfts- oder Wohnsitz des Käufers.

Zwischen Kaufleuten kann der Gerichtsstand abweichend von der gesetzlichen Regelung vertraglich vereinbart werden. Bei Verträgen mit Verbrauchern ist eine vertragliche Vereinbarung, die von der gesetzlichen Regelung abweicht, nicht erlaubt.

10.5 Der Lieferungsverzug

Ein **Lieferungsverzug** oder eine **Nicht-rechtzeitig-Lieferung** liegt vor, wenn der Verkäufer nicht oder nicht rechtzeitig liefert. Voraussetzungen dafür sind:

-→ Fälligkeit der Lieferung
-→ Mahnung
  - erforderlich bei nicht bestimmbarem Liefertermin
  - nicht erforderlich bei:
    - kalendermäßig bestimmbarem Liefertermin
    - Selbstinverzugsetzung durch den Lieferer
    - Fix- oder Zweckkauf

Ein Verschulden des Verkäufers ist nicht erforderlich bei

-→ Gattungskauf (siehe S. 120)
-→ Fixkauf (siehe S. 121)

Rechte des Käufers sind

-→ bei Interesse an einer Lieferung das Bestehen auf die Lieferung und gegebenenfalls Schadensersatz wegen Verzögerung
-→ bei keinem Interesse an einer Lieferung der Rücktritt vom Vertrag und eventuell Schadensersatz wegen Verzögerung

10.6 Die Schlechtleistung

Wird ein Kaufvertrag abgeschlossen, hat der Verkäufer die Pflicht, die Ware mangelfrei zu liefern. Im Rahmen der **Gewährleistung** haftet der Unternehmer aufgrund gesetzlicher Vorschriften dafür, dass die Ware zum Zeitpunkt der Übergabe die zugesicherten Eigenschaften besitzt und mangelfrei ist. Anderenfalls liegt eine mangelhafte **Lieferung** bzw. **Schlechtleistung** vor.

Mängel

Mängel können eingeteilt werden nach der Erkennbarkeit:

-→ offener Mangel

--→ versteckter Mangel
--→ arglistig verschwiegener Mangel

Nach der Beschaffenheit unterscheidet man die folgenden Sachmängel:

--→ Mangel in der Beschaffenheit
--→ Mangel in der Güte
--→ Mangel in der Menge (Zuweniglieferung)
--→ Mangel in der Art (Falschlieferung)
--→ Mangel aufgrund falscher Werbeaussagen
--→ mangelhafte Montageanleitung
--→ Montagefehler

Von einem **Sachmangel** muss das Vorliegen eines **Rechtsmangel** getrennt werden. Dieser liegt vor in den folgenden Fällen:

--→ Ware gehört nicht dem Verkäufer
--→ Ware ist mit Rechten Dritter belastet

Der Käufer muss seine Pflichten erfüllen, um keine **Reklamationsrechte** zu verlieren:

--→ Ein festgestellter Mangel muss dem Verkäufer mit einer Mängelrüge mitgeteilt werden.
--→ Der Käufer muss bestimmte Rügefristen einhalten.

Nacherfüllung

Beim **zweiseitigen Handelskauf** (beide Vertragspartner sind Kaufleute) müssen offene Mängel unverzüglich und versteckte Mängel unverzüglich nach Entdeckung, aber innerhalb von zwei Jahren dem Verkäufer angezeigt werden.

Der Käufer hat zunächst einmal als vorrangiges Recht die **Nacherfüllung**. Er kann grundsätzlich wählen zwischen **Nachbesserung** und **Neulieferung**. Lediglich wenn eine der beiden Alternativen für den Verkäufer unverhältnismäßig ist, kann der Verkäufer diese ablehnen.

Nachrangige Rechte kommen in folgenden Fällen ins Spiel:

--→ Die Nacherfüllungsfrist ist erfolglos abgelaufen.
--→ Die Nacherfüllung ist zweimal fehlgeschlagen.
--→ Der Verkäufer verweigert die Nacherfüllung.
--→ Der Mangel ist nicht behebbar.

In diesen Fällen kann

→ ein Rücktritt vom Vertrag erfolgen,

→ eine Preisminderung durchgeführt werden,

→ in einigen Fällen auch Schadensersatz geleistet werden.

10.7 Die Bearbeitung von Reklamationen und Retouren

Die Mehrzahl aller Kaufverträge wird zur Zufriedenheit sowohl des Unternehmens als auch des Kunden abgewickelt. Probleme treten dann auf, wenn der Kunde mit der ihm übergebenen oder gelieferten Ware nicht einverstanden ist: Der Kunde reklamiert oder beschwert sich.

Reklamation	Beschwerde
Der Kunde teilt mit, dass er von seinen gesetzlichen Gewährleistungsrechten oder ihm eingeräumten Garantieansprüchen Gebrauch macht.	Der Kunde äußert seine Unzufriedenheit (und fordert gegebenenfalls Abhilfe), ohne rechtliche Ansprüche zu haben. Kommt das Unternehmen dabei dem Kunden entgegen (ohne dazu verpflichtet zu sein) liegt Kulanz vor.

Wenn Kunden reklamieren, kann dies unterschiedliche Gründe haben:

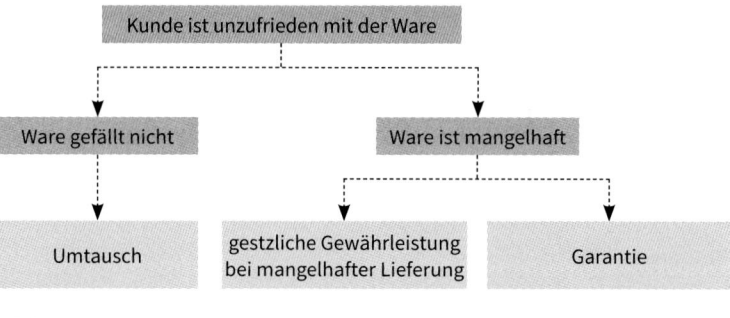

Beim **Umtausch** nimmt das Unternehmen Ware ohne Mängel freiwillig zurück. Wird nicht ausdrücklich auf das Umtauschrecht des Kunden hingewiesen, müssen Kunden, die sich die Rückgabe vorbehalten wollen, den Händler fragen, ob die Ware zurückgegeben werden kann. Deshalb weisen viele Unternehmen extra darauf hin, dass Waren bei Nichtgefallen umgetauscht werden können.

Gewährleistung

Aufgrund gesetzlicher Vorschriften stehen bei der **Gewährleistung** jedem Käufer von Waren bestimmte Rechte zu, wenn die Ware Mängel hat. Diese Rechte existieren unabhängig von ggf. zugesagten Umtauschmöglichkeiten oder Garantieerklärungen: So darf der Umtausch (als freiwillige Verpflichtung eines Händlers) nicht verwechselt werden mit der **Ersatzlieferung** (ein dem Kunden per Gesetz zustehendes Recht bei der Lieferung mangelhafter Ware).

Garantie

Unter **Garantie** versteht man das freiwillige Versprechen eines Unternehmens, dass während einer bestimmten Zeitdauer ab Übergabe der Ware keine Mängel auftreten und der Unternehmer für die Mängelfreiheit einsteht. Zumeist übernimmt diese Haftung der Hersteller.

Der entscheidende Unterschied zwischen Garantie und Gewährleistung besteht darin, dass

-→ die Garantie auf einem freiwilligen Vertrag, die Gewährleistung aber auf einem Gesetz beruht,
-→ bei der Gewährleistung der Mangel bereits bei der Übergabe vorhanden sein muss.

Die Garantierechte des Käufers stehen also selbstständig neben den gesetzlichen Gewährleistungsrechten (und gehen häufig darüber hinaus).

Retouren

Als Folge von Reklamationen kann es zu Retouren kommen. Darunter versteht man Rücksendungen des Käufers von Waren an den Verkäufer.

Gründe, die bei Kunden zu Retouren führen können:

-→ Die Ware war mangelhaft.
-→ Die falsche War wurde geliefert.
-→ Der gekaufte Artikel gefällt nicht mehr.
-→ Der Kauf war unüberlegt.

--→ Größe, Form, Farbe usw. der Ware passen nicht.

--→ Der Kunde sieht den gleichen Artikel günstiger bei einem Mitbewerber.

Durch ein effizientes Bearbeiten von Rücksendungen können Großhandlungen Kosten senken und gleichzeitig den Service für ihre Kunden verbessern. Optimiert werden müssen alle Teilaufgaben, die mit der Rückführung von Waren verbunden sind.

Die **Retourenbearbeitung** erfolgt im Idealfall in mehreren Schritten:

1. Die zurückgesendete Ware wird im eigenen Lager angenommen.
2. Die erhaltenen Packstücke werden geöffnet und deren Inhalt kontrolliert.
3. Die Daten der Retoure werden anschließend mit dem Warenwirtschaftssystem erfasst.
4. Die zurückgesendeten Artikel werden einer Qualitätskontrolle unterzogen. Es wird überprüft, ob die Ware wieder neu verkauft werden kann oder abgeschrieben werden muss.
5. Qualitativ einwandfreie Ware wird erneut eingelagert und steht damit wieder zum Verkauf bereit.
6. Parallel dazu muss die Retoure auch verwaltungstechnisch weiterbearbeitet werden: Je nach Situation kann beispielsweise eine Ersatzlieferung fertig gemacht oder der Kaufpreis rückerstattet werden.

Eine ganz besondere Herausforderung für Großhandlungen ist es, die Anzahl von Retouren zu verringern. Mit verschiedenen Maßnahmen kann die Retourenquote auf einem erträglichen Maß gehalten werden:

--→ Im Warenausgang sollte immer geprüft werden, ob die Sendung auch wirklich die bestellte Ware enthält.

--→ Untersuchungen haben gezeigt, dass ein schneller Versand positive Auswirkungen auf die Retourenquote hat.

--→ Festgestellt wurde auch, dass bestimmte Zahlungsarten (Vorkasse, Sofortüberweisung und Lastschrift) weniger Retouren nach sich zogen.

--→ Durch gute zutreffende Produktbeschreibungen im Webshop werden beim Kunden große Diskrepanzen zwischen dem im Shop hervorgerufenen Bild der Ware und dem tatsächlichen Eindruck beim Auspacken des Artikels vermieden.

Ein professionelles Retourenmanagement möchte einerseits die mit den Rücksendungen für den Webshop verbundenen Kosten vermeiden. Ein anderes Ziel des Retourenmanagements neben dem effizienten Bearbeiten von Rücksendungen ist das Erreichen einer Kundenzufriedenheit: Dadurch können Imageschäden oder Abwanderungen von Kunden vermieden werden.

Mit den Maßnahmen zur Verhinderung von Rücksendungen wird durch das gezielte Setzen von Anreizen oder das Schaffen eines zusätzlichen Aufwandes versucht, Kunden von Rücksendungen abzuhalten.

10.8 Der Annahmeverzug

Ein **Annahmeverzug** liegt vor, wenn ein Käufer die bestellte Ware bei der Lieferung durch den Verkäufer nicht entgegennimmt. Voraussetzungen dafür müssen sein:

--→ die Fälligkeit der Lieferung
--→ das ordnungsgemäße Anbieten der Ware

Der Annahmeverzug erfolgt direkt bei Nichtannahme durch den Käufer: ein Verschulden und eine Mahnung sind nicht erforderlich.

Folgen des Annahmeverzuges: Der Verkäufer haftet nur bei Vorsatz oder grober Fahrlässigkeit, der Käufer dagegen auch für Schäden, die durch Zufall (z. B. höhere Gewalt) eintreten.

Die Rechte des Verkäufers sind:

--→ Rücktritt vom Kaufvertrag und Verkauf der Waren andere Kunden oder
--→ Bestehen auf Annahme (Verkäufer kann die Ware auf Kosten und Gefahr des Käufers einlagern und entweder im Klageweg auf Abnahme der Ware bestehen bzw. diese im Selbsthilfeverkauf verkaufen.)

10.9 Die Allgemeinen Geschäftsbedingungen

Allgemeine Geschäftsbedingungen (AGB) sind vorformulierte Vertragsbedingungen einer Vertragspartei, die für eine Vielzahl von Verträgen gelten. Sie werden Bestandteil eines Vertrages, wenn bei Abschluss des Vertrages ausdrücklich auf sie hingewiesen wird.

Allgemeiner Zweck der AGB:

--→ vorformulierte Vertragsbedingungen: grundsätzliche Ausgestaltung von Verträgen
--→ Rationalisierung (Zeitersparnis)

Bestimmungen der AGB gemäß BGB:

--→ Schutz vor unseriösen AGB
--→ Individuelle Absprachen haben Vorrang.
--→ Überraschende Klauseln sind unwirksam.

→ Bestimmungen, die gegen den Grundsatz von Treu und Glauben verstoßen, sind unwirksam.

→ Bei unwirksamen Klauseln gelten die gesetzlichen Bestimmungen.

10.10 Kaufvertragsarten

Ein Kaufvertrag wird zwischen Käufer und Verkäufer einer Ware abgeschlossen. Abhängig von der jeweiligen Gestaltung des Kaufvertrages gibt es verschiedene Formen von Kaufverträgen. Diese können zum Teil zu unterschiedlichen Rechtsfolgen führen.

Kaufverträge nach der Vertretbarkeit des Kaufgegenstandes

→ Liegt ein **Stückkauf** vor, muss der Verkäufer eine bestimmte, genau identifizierbare Sache dem Käufer übergeben und ihm daran auch das Eigentum verschaffen. Der Kaufgegenstand ist eine nicht vertretbare Sache.

→ Beim **Gattungskauf** legen die Vertragspartner sogenannte Gattungsmerkmale (wie Farbe, Material, Maße, Gewicht usw.) fest. Die Auswahl des einzelnen Kaufgegenstandes aus dieser Gattung wird dem Verkäufer überlassen. Bei einem Gattungskauf muss der Verkäufer also eine vertretbare Sache liefern, die lediglich nach den Gattungsmerkmalen bestimmt ist.

Kaufverträge nach der rechtlichen Stellung der Vertragspartner

→ Beim bürgerlichen Kauf handeln beide Vertragspartner als Privatleute: weder der Käufer noch der Verkäufer ist ein Kaufmann. Für den bürgerlichen Kauf gelten die Bestimmungen des Bürgerlichen Gesetzbuchs.

→ Beim Handelskauf ist mindestens einer der beiden Vertragspartner Kaufmann. Für diese gelten auch die Vorschriften des HGB

- Beim **einseitigen Handelskauf** handelt nur einer der beiden Vertragspartner als Kaufmann.
- Beim **zweiseitigen Handelskauf** sind beide Kaufvertragspartner Kaufleute: Für beide ist der Kauf ein Handelsgeschäft.

Kaufverträge nach Art und Beschaffenheit der Ware

→ Beim **Kauf auf Probe** hat der Käufer das Recht, die Ware innerhalb einer bestimmten Frist zurückzugeben, wenn sie seinen Anforderungen und Erwartungen nicht entspricht.

→ Der Käufer erhält beim **Kauf nach Probe** vor dem Abschluss des Kaufvertrages eine Probe oder ein Muster. Dieses ersetzt die normalerweise im Vertrag beschriebenen Eigenschaften der Ware.

--→ Der Käufer kauft beim **Kauf zur Probe** zunächst eine kleinere Menge Waren, um diese zunächst einmal auszuprobieren. Dies ist ein endgültiger Kauf, bei dem der Käufer aber dem Verkäufer unverbindlich zu erkennen gibt, dass er bei Gefallen an der Ware diese in größeren Mengen später nachbestellen wird.

Kaufverträge nach der Zahlungsart

--→ Liegt ein **Zielkauf** vor, zahlt der Käufer den Kaufpreis erst einige Zeit nach der Lieferung der Ware. Der Verkäufer räumt dem Käufer also einen Lieferantenkredit ein.

--→ Auch beim **Ratenkauf** (auch Abzahlungskauf genannt) gewährt der Verkäufer dem Käufer einen Lieferantenkredit. Die Zahlung des Kaufpreises durch den Käufer erfolgt allerdings zu verschiedenen Zeitpunkten in Teilbeträgen. Diese werden Raten genannt.

--→ Beim **Kauf gegen Vorauszahlung** muss der Käufer Teilbeträge oder sogar den gesamten Kaufpreis vor der Auslieferung der Ware durch den Verkäufer bezahlen.

Kaufverträge nach der Lieferzeit

--→ Der **Sofortkauf** wird oft auch Tageskauf genannt. Dies ist der Normalfall eines Kaufvertrages. Wenn nichts anderes vereinbart ist, muss der Verkäufer die Ware unmittelbar nach Abschluss des Kaufvertrages liefern.

--→ Ein **Terminkauf** muss innerhalb einer vereinbarten Frist erfolgen. Dies bedeutet, dass zwischen dem Vertragsabschluss und der Auslieferung der Ware eine bestimmte Zeitspanne liegt.

--→ Beim **Fixkauf** ist die Einhaltung eines vereinbarten Termins ein wesentlicher Bestandteil des Kaufvertrages. Wird verspätet geliefert, ist der Kaufvertrag von vornherein nicht mehr vollständig erfüllt. Das wesentliche Merkmal des Fixkaufes ist also die Lieferung zu einem genau festgelegten Zeitpunkt (bzw. bis zu diesem Zeitpunkt).

--→ Beim **Kauf auf Abruf** wird vereinbart, dass der Verkäufer der Ware diese erst dann liefert, wenn der Käufer sie abruft: Der Käufer bestimmt also den Zeitpunkt der Lieferung.

--→ Der **Spezifikationskauf** wird auch Bestimmungskauf genannt. Der Käufer bestellt zunächst eine festgelegte Warenmenge einer vertretbaren Sache. Innerhalb einer vereinbarten Frist hat der Käufer das Recht, Farbe, Form und Maß der Ware zu bestimmen.

11 Außenhandel

Es gibt drei verschiedene Arten des Außenhandels:

→ Beim **Import** führt ein deutscher Händler Güter aus dem Ausland ins Inland ein.

→ **Export** liegt vor, wenn ein deutscher Händler Waren aus dem Inland ins Ausland ausführt.

→ Beim **Transit** verkauft ein deutscher Händler Güter in ein bestimmtes Land (z. B. Südkorea), die er vorher in einem anderen Land (z. B. Mexiko) eingekauft hat.

Vom **Intrahandel** wird gesprochen, wenn Waren innerhalb der EU gehandelt werden.

Ein Großhandelsunternehmen ist im Außenhandel verschiedenen Risiken ausgesetzt:

→ **Allgemeine Risiken** wie Boykott, Unruhen oder Kriege

→ **Kursrisiko** (ungeplante Veränderungen eines Wechselkurses)

→ **Kreditrisiko** (Zahlungsunwilligkeit)

→ **Transportrisiko**: Güter können auf dem Transportweg verloren oder beschädigt werden bzw. verderben.

→ In Geschäftsbeziehungen mit ausländischen Firmen können Verträge ggf. nicht so gut durchgesetzt werden wie in der EU.

Das mit der Warenausfuhr verbundene Transportrisiko kann der Exporteur durch die Vereinbarung entsprechender Lieferungsbedingungen gemäß den **Incoterms® 2020** verringern.

11.1 Incoterms® 2020

Die **Incoterms® 2020** (International Commercial Terms) sind von der Internationalen Handelskammer in Paris verfasste Lieferklauseln. Diese haben zwar kein Gesetzescharakter, sie sind jedoch international weitgehend anerkannt. Die Verwendung dieser exakten Formulierungen schaffen Rechtssicherheit sowohl für Exporteure als auch für Importeure.

Incoterms® 2020 regeln einerseits den Kostenübergang vom Exporteur auf den Importeur:

- ⇢ Aus der Klausel **EXW** (Ex Works oder ab Werk) trägt der Exporteur nur die Kosten für die Bereitstellung auf seinem Werksgelände, der Importeur dagegen muss alle Kosten und Gefahren ab dem Zeitpunkt der Warenübergabe an den Frachtführer übernehmen.
- ⇢ Bei der Klausel **FCA** (Frei Frachtführer) trägt der Käufer die Kosten von dem Zeitpunkt an, an dem die Ware dem Frachtführer bzw. Spediteur übergeben ist.
- ⇢ Bei der Klausel **FAS** (Frei Längsseite Schiff) trägt der Verkäufer die Kosten, bis sich die Ware im Verschiffungshafen „Längsseite Schiff" befindet.
- ⇢ Bei der Klausel **FOB** (Frei an Bord) trägt der Verkäufer die Kosten bis zu dem Zeitpunkt, an dem die Ware die Reling des Schiffes im Verschiffungshafen überschritten hat.
- ⇢ Bei der Klausel **CIF** (Kosten, Versicherung, Fracht) übernimmt der Verkäufer außer den Beförderungs- auch die Versicherungskosten bis zum benannten Bestimmungshafen.
- ⇢ Bei den verschiedenen Klauseln der Incoterms®-Gruppe **D** hat der Exporteur die Transportkosten und das Warenrisiko bis zum benannten Bestimmungsort zu tragen.

11.2 Zahlungsbedingungen

Gegen das Kreditrisiko kann sich der Exporteur durch Vereinbarung einer der im Außenhandel üblichen (sicheren) Zahlungsbedingungen „Zahlung aus einem Dokumentenakkreditiv", „Dokumente gegen Kasse" oder „Dokumente gegen Akzept" absichern. Kauf auf Ziel bzw. Vorauszahlung können sich entweder für den Importeur oder für den Exporteur als nachteilig herausstellen.

- ⇢ Bei der Zahlungsbedingung „**Dokumente gegen Kasse**" werden die Dokumente, mit denen über die Ware verfügt werden kann (Konnossement, Frachtbriefdoppel, Spediteurversanddokumente), dem Käufer nur gegen sofortige Zahlung ausgehändigt.
- ⇢ Bei der Vereinbarung der Zahlungsbedingung „**Dokumente gegen Akzept**" werden die Dokumente dem Käufer nur ausgehändigt, nachdem er einen Wechsel akzeptiert hat.
- ⇢ Beim **Dokumenten-Akkreditiv** handelt es sich um die Zusage eines Bankinstituts, dem Verkäufer an Käufer statt im Rahmen genau umschriebener Bedingungen eine vereinbarte Summe zu zahlen. Die Bank zahlt aber nur, wenn der Käufer ihr die im Akkreditiv genannten Dokumente fristgerecht übergibt. Diese Dokumente

umfassen üblicherweise eine Rechnung und ein Transportdokument (Konnossement, Frachtbrief usw.).

11.3 Dokumente im Außenhandel

Wichtige **Dokumente im Außenhandel** sind:

→ Die **Handelsrechnung** hat eine Beweisfunktion. Sie dient nicht nur der Rechnungsstellung, sondern auch als Unterlage für die zollamtliche Behandlung im Einfuhrland.
→ Das **Konnossement** beweist den Versand der Ware. Das Konnossement ist ein Wertpapier. Es verschafft dem rechtmäßigen Inhaber das Eigentum an dem versandten Gut. Als Dispositions- oder Traditionspapier bietet es die Möglichkeit, mittels des Dokuments über die Sache selbst zu verfügen.
→ Das **Ursprungszeugnis** bescheinigt die Herkunft der Ware.

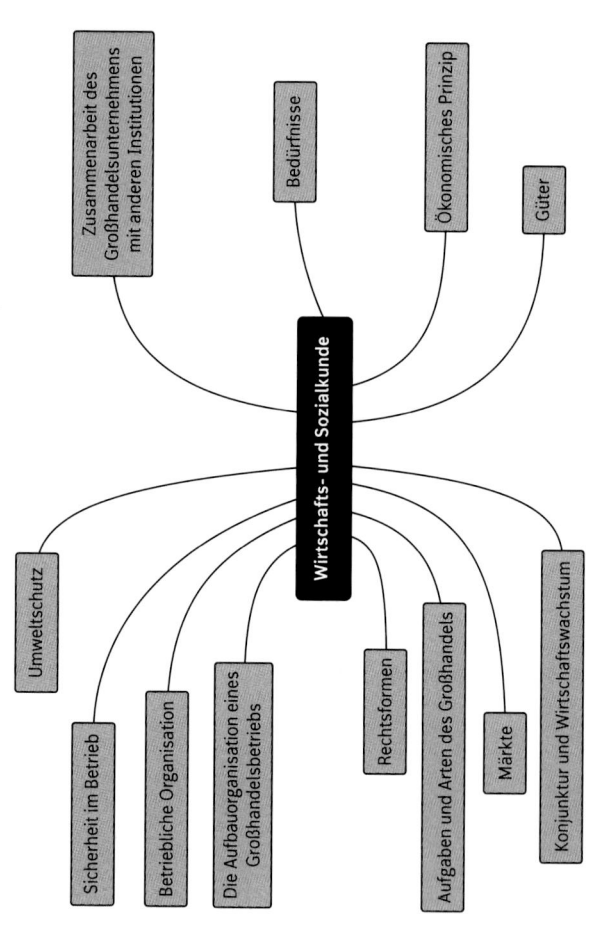

Wirtschafts- und Sozialkunde

- Zusammenarbeit des Großhandelsunternehmens mit anderen Institutionen
- Bedürfnisse
- Ökonomisches Prinzip
- Güter
- Umweltschutz
- Sicherheit im Betrieb
- Betriebliche Organisation
- Die Aufbauorganisation eines Großhandelsbetriebs
- Rechtsformen
- Aufgaben und Arten des Großhandels
- Märkte
- Konjunktur und Wirtschaftswachstum

1 Bedürfnisse

Für jeden Großhändler ist die Kenntnis wirtschaftlicher Zusammenhänge für die erfolgreiche Durchführung seiner betrieblichen Handlungen unabdingbar.

Das Großhandelsunternehmen muss ausgehend von Bedürfnissen der Kunden Waren und Dienstleistungen entwickeln. **Bedürfnisse** sind Empfindungen eines Mangels mit dem Bestreben, diesen zu beseitigen. Die Menschen streben danach, Bedürfnisse zu befriedigen.

Nach ihrer Dringlichkeit können Bedürfnisse aufgegliedert werden in

⇢ **Existenzbedürfnisse**: Dies sind Bedürfnisse, ohne deren Befriedigung ein Mensch nicht leben kann (Schlaf, Hunger, Durst).
⇢ **Kulturbedürfnisse:** Das Streben nach diesen Bedürfnissen ist gesellschaftlich anerkannt und wird als normal angesehen (ein 14-tägiger Urlaub in den Alpen oder an der Nordsee).
⇢ **Luxusbedürfnisse:** Diese Bedürfnisse werden nicht von jedermann als normales Bedürfnis gesellschaftlich anerkannt (das Bedürfnis nach einem sechsmonatigen Urlaub auf einer Südseeinsel).

Die Empfindung eines Bedürfnisses ist zunächst immer an eine einzelne Person gebunden. Darüber hinaus gibt es noch Bedürfnisse, die viele Menschen ähnlich oder gleich haben, deren Befriedigung dem einzelnen jedoch nicht möglich ist:

⇢ **Individualbedürfnisse** sind Bedürfnisse, die jeder Mensch für sich allein befriedigen kann (Nahrung)
⇢ **Kollektivbedürfnisse** sind Bedürfnisse, die nur durch eine Gruppe befriedigt werden können (z. B. Ausbildung, aber auch Rechtssicherheit, Polizei).

Werden Bedürfnisse mit Kaufkraft versehen, spricht man von **Bedarf**. Tritt dieser auf einem Markt auf, liegt eine **Nachfrage** vor.

2 Güter

Bedürfnisse können mit Gütern befriedigt werden. **Güter** sind Mittel zur Bedürfnisbefriedigung:

⇢ **Wirtschaftliche Güter** sind alle durch wirtschaftliche Tätigkeit erzeugten Güter. Sie werden auch als knappe Güter bezeichnet.
⇢ **Freie Güter**, sind von Natur aus frei verfügbar (Luft, Wasser).

Die wirtschaftlichen Güter können unterteilt werden in

→ Sachgüter (Autos, Maschinen, Textilien usw.) sowie
→ Dienstleistungen (Leistungen von Ärzten, Transport von Personen usw.)

Abhängig von ihrer Verwendung können weiterhin unterschieden werden:

→ **Gebrauchsgüter**, die über einen längeren Zeitraum angewendet oder gebraucht werden (Autos, Maschinen).
→ **Verbrauchsgüter** sind dagegen Güter, die bei ihrer Verwendung verbraucht werden bzw. anschließend nicht mehr genutzt werden können (Nahrungsmittel, Getränke, Rohstoffe).

Güter können zudem noch eingeteilt werden in:

→ **Substitutionsgüter**, die alternativ verwendet werden können, weil sie sich gegenseitig ersetzen (Butter oder Margarine als Brotaufstrich),
→ **Komplementärgüter**, die sich ergänzen (ein Auto benötigt Benzin).

3 Ökonomisches Prinzip

Wirtschaften bedeutet ein planvolles menschliches Handeln, um die Knappheit der Güter zu verringern. Dabei versuchen alle Wirtschaftsteilnehmer nach dem sogenannten **ökonomischen Prinzip** vorzugehen. Dieses kann auftreten als

→ **Minimalprinzip:** Es wird versucht, eine bestimmte Leistung mit den geringsten Mitteln anzustreben.
→ **Maximalprinzip:** Angestrebt wird mit den gegebenen Mitteln eine höchste Leistung zu erreichen.

4 Märkte

Der Ort, an dem Angebot und Nachfrage zusammentreffen, wird Markt genannt. Ein **Markt** ist nicht an einen physischen Ort gebunden, sondern kann im Prinzip weltweit existieren (Erdölmarkt, Devisenmarkt). Auf Märkten werden Angebote an Waren und Dienstleistungen mit der entsprechenden Nachfrage zusammengebracht. Ein Markt kann daher als Koordinationsinstanz gesehen werden.

In einer Volkswirtschaft gibt es unterschiedliche **Marktformen:**

→ In einem **Polypol** treffen sich viele Anbieter und viele Nachfrager an einem Ort. Im Marktmodell der **vollständigen Konkurrenz** (oft spricht man auch von einem **vollkommenen Markt**), hat jeder auch eine vollständige Übersicht über den Markt

(Markttransparenz). Jeder kann auf Marktveränderungen deshalb unverzüglich reagieren. Sind diese Bedingungen nicht erfüllt (z. B. keine Markttransparenz), liegt ein **unvollkommener Markt** vor.

--> Treten wenige Wirtschaftsteilnehmer auf einem Markt auf, liegt ein **Oligopol** vor.
--> Von einem **Monopol** spricht man, wenn ein Wirtschaftsteilnehmer entweder der Einzelnachfrager oder der einzige Anbieter ist.

5   Konjunktur und Wirtschaftswachstum

Das Wirtschaftswachstum in einer Volkswirtschaft vollzieht sich nicht gleichmäßig. Durch die unterschiedlich starken Aktivitäten der Wirtschaftsteilnehmer gibt es in der Regel schwankende Wachstumsraten. Unter der **Konjunktur** werden Wirtschaftsschwankungen verstanden, die regelmäßig wiederkehren. Dabei werden unterschieden:

--> Kurzfristige Konjunkturen sind **saisonale Wirtschaftsschwankungen**. Sie sind jahreszeitlich bedingt, betreffen lediglich bestimmte Branchen und dauern meist nur wenige Wochen.
--> **Strukturelle Schwankungen** sind langfristige Konjunkturschwankungen innerhalb von Zeiträumen von 50–70 Jahren, die oft mit der Einführung neuer Techniken zusammenhängen.
--> Bei der **mittelfristigen Konjunktur** finden die Schwankungen in Form rhythmischer Veränderungen in Zeiträumen von etwa fünf Jahren statt.

Konjunkturphasen

Die Konjunktur kann in vier Phasen eingeteilt werden:

--> Expansion (Aufschwung und Erholung)
--> Boom (Hochkonjunktur)
--> Rezession (Konjunkturabschwächung und Abschwung)
--> Depression (Tiefstand oder Krise)

Sowohl der Staat mit fiskalpolitischen Instrumenten (z. B. mit der Veränderung von Abschreibungsätzen und oder Steuersätzen) als auch die Bundesbank (sowie die Europäische Zentralbank) mit ihrer Geldpolitik (Mindestreservepolitik, Offenmarktpolitik, Fazilitäten) versuchen die Konjunktur ihren wirtschaftspolitischen Zielen entsprechend zu beeinflussen.

Folgende Punkte können Auswirkung auf die Konjunkturphasen haben:

--> Gewinnerwartungen
--> Preise der Produktionsfaktoren

-→ Stand des technischen Wissens
-→ Der Preis des angebotenen Gutes
-→ Preise anderer Güter

6 Aufgaben und Arten des Großhandels

Der **Großhandel** kauft und verkauft Güter in großen Mengen. Über den Außenhandel kommen ausländische Waren (Importgüter) zu uns und verlassen Exportgüter unser Land, mit deren Einnahmen wir unsere Einfuhren bezahlen können.

Aufgabe von Großhandelsunternehmen ist es also,

-→ Ware entweder von Industriebetrieben oder von anderen Großhändlern einzukaufen
-→ und sie dann entweder unverändert oder nach gewissen handelsüblichen Manipulationen (wie z. B. Umpacken/Umfüllen, Reife usw.)
-→ an nachgelagerte Industriebetriebe oder auch an andere Großhandelsbetriebe zu verkaufen.

Großhandlungen erfüllen zahlreiche Aufgaben (Funktionen) im Verteilungsprozess für die Hersteller und Verwender von Produkten:

-→ **Sortimentbildungsfunktion**: Handelsunternehmen kaufen bei verschiedenen Herstellern (oft aber auch bei Großhandlungen) Produkte ein und stellen dann bedarfsgerechte Sortimente für ihre Kunden zusammen.
-→ Erfüllen Handelsunternehmen die **Qualitätsfunktion**, erhalten deren Kunden oft qualitativ höherwertigere Ware, als wenn sie diese beim Hersteller direkt kaufen würden.
-→ **Quantitätsfunktion**: Großhandlungen und Einzelhandelsunternehmen kaufen große Mengen ein und verkaufen sie dann in kleineren Mengen an ihre Kunden weiter.
-→ **Raumüberbrückungsfunktion**: Handelsunternehmen überbrücken die räumliche Distanz zwischen den Herstellern und Käufern der Produkte.
-→ **Zeitüberbrückungsfunktion:** Die zeitliche Spanne zwischen der Herstellung eines Produkts und dessen Verwendung wird von Handelsunternehmen durch Lagerung geschlossen.
-→ Handelsunternehmen betreiben im Interesse der Hersteller **Werbung** und Verkaufsförderung für deren Produkte. Sie betreiben damit eine **Markterschließung.**
-→ **Preisausgleichsfunktion:** Über seine Preispolitik sorgt das Großhandelsunternehmen dafür, dass die Preise sich nicht so häufig verändern. Die Kunden des Großhandelsunternehmens profitieren also von einer gewissen preislichen Verlässlichkeit
-→ **Kreditfunktion:** Handelsunternehmen gewähren ihren Kunden Kredit, um den Kauf zu erleichtern.

-→ **Beratungsfunktion**: Das Handelsunternehmen gibt den Kunden Informationen über Produkteigenschaften und Verwendungsmöglichkeiten.

-→ **Servicefunktion:** Die Handelsunternehmen stellen zur Unterstützung der Kunden kaufmännische und/oder technischen Dienstleistungen zur Verfügung.

Viele Unternehmen des Großhandels sind auch im Außenhandel tätig. Sie sorgen in diesem Zusammenhang für

-→ die Einfuhr von Waren (Import) aus dem Ausland
-→ die Ausfuhr von Waren (Export) ins Ausland
-→ die Durchfuhr (Transit): Das Großhandelsunternehmen sorgt dafür, dass Waren aus dem Ausland durch Deutschland zu ausländischen Geschäftspartnern kommen.

6.1 Arten von Großhandel

Ein Unternehmen des **Aufkaufgroßhandels** kauft von verschiedenen Produzenten Artikel in kleinen Mengen ein, sammelt diese und verkauft sie anschließend in größeren Mengen an weiterverarbeitende Unternehmen.

Der **Absatzgroßhandel** kauft große Gütermengen bei den Produzenten ein und verkauft sie dann in kleineren Mengen überwiegend an Handwerksbetriebe bzw. Einzelhändler.

Der **Produktionsverbindungsgroßhandel** tritt als Mittler zwischen verschiedenen aufeinanderfolgenden Stufen der gewerblichen Wirtschaft auf.

Einteilung nach der Vertriebsorganisation (Art der Warenabgabe)

-→ **Zustellgroßhandel**
-→ **Abholgroßhandel**. Neben dem eigentlichen **Thekengeschäft** gehört der **Cash & Carry- Großhandel** hierzu. Hier erfolgt eine Selbstbedienung der Kunden gegen sofortige Zahlung. Auch der Warentransport erfolgt durch den Kunden.
-→ Eine Sonderform sind **Rackjobber**. Sie werden oft auch Regalgroßhändler genannt. Ihnen wird in einem Einzelhandelsunternehmen Regalfläche zur Führung gestellt, auf der sie auf eigene Rechnung Waren anbieten, die das Sortiment des Einzelhändlers ergänzen.

Einteilung nach dem Grad der Spezialisierung

Die Spezialisierung bezeichnet die Breite des vom Unternehmen gehandelten Sortiments):

-→ Der **Spezialgroßhandel** ist im Prinzip ein Absatzorgan für seine Vorstufen: Ein Unternehmen mit einem Spezialsortiment führt nur eine bzw. wenige Warengruppen. Oft orientieren sich solche Unternehmen an den Absatzorganen der Vorstufen.

--» Der **Generalgroßhandel**: Diese Unternehmen schneiden ihre Tätigkeit auf bestimmte Kunden oder auf bestimmte Verwendungszwecke zu. Das Sortiment ist deshalb wesentlich größer als beim Spezialgroßhandel. Die Hauptleistung der Universalgroßhändler liegt in der Bildung bedarfsgerechter Sortimente.

Einteilung nach dem Ausmaß der Lagerhaltung

--» Der Normalfall im Großhandel sind **lagerhaltende Großhandelsunternehmen**. Diese unterhalten ständig verkaufsbereite Lager.

--» Großunternehmen des **Streckengroßhandels** sammeln Aufträge der Kunden und leiten diese an die Lieferanten weiter. Dabei geht jedoch die bestellte Ware direkt vom herstellenden Industriebetrieb zu den Kunden. Der Standort des Großhandelsunternehmens wird nicht berührt.

Einteilung nach dem räumlichen Betätigungsfeld

--» Der Wirkungsbereich eines **Binnengroßhandel**sunternehmens ist überwiegend auf Deutschland beschränkt.

--» Betriebe des **Außengroßhandels** wickeln dagegen Geschäfte mit Unternehmen im Ausland ab.

6.2 Ziele von Großhandelsunternehmen

Großhandelsunternehmen haben unternehmerische Zielsetzungen.

Ökonomische Ziele

Zu den ökonomischen Zielen gehören:

--» **Gewinnmaximierung**: Jeder Unternehmer will durch seine selbstständige Tätigkeit einen Gewinn erzielen. Angestrebt wird eine möglichst hohe Rentabilität.

--» Streben nach **Umsatz**: Ziel kann auch eine marktbeherrschende Stellung sein.

--» Kostenminimierung

--» Erhaltung des Unternehmens

Weitere unternehmerische Ziele

Neben den ökonomischen Zielsetzungen hat ein Großhandelsunternehmen weitere Ziele:

--» Sicherung der Arbeitsplätze

--» **Soziale Ziele**: Diese reichen von der menschengerechten Gestaltung der Arbeitsbedingungen bis hin zu den persönlichen Mitbestimmungs- und Entfaltungsmöglichkeiten der Beschäftigten. Viele Unternehmen orientieren sich dabei am Konzept der **Corporate Social Responsibility** (soziale Verantwortung der Unternehmen).

-→ **Ökologische Ziele**: Unternehmen integrieren auch Umweltbelange und Nachhaltigkeitsaspekte in ihre Zielsetzungen. **Nachhaltigkeit** wird dabei verstanden als Handeln, das die Bedürfnisse der heutigen Generation befriedigt, ohne zu riskieren, dass künftige Generationen ihre Bedürfnisse nicht befriedigen können.

7 Rechtsformen

Mit der **Rechtsform** tritt ein Großhandelsunternehmen nach außen auf. Die einzelnen Unternehmensformen unterscheiden sich z. B. durch die Leitungsbefugnis der Teilhaber, durch Art und Umfang der Teilhaber am Gewinn, durch die Art der Aufbringung des Kapitals sowie durch die Haftung der Inhaber gegenüber Dritten.

Bei der Rechtsform des **Einzelunternehmens** bringt eine einzelne Person das Kapital zur Geschäftsgründung auf. Sie trägt allein das Geschäftsrisiko, erhält aber auch allein den Gewinn. Eigentümer und Unternehmer sind beim Einzelunternehmen in einer Person vereinigt: Diese Person trifft die Entscheidungen und trägt dafür allein die Verantwortung.

Bei einer **Gesellschaft** sind mehrere Personen am Unternehmen beteiligt.

Bei einer **Personengesellschaft**, wie z. B. einer offenen Handelsgesellschaft oder einer Kommanditgesellschaft, leitet mindestens ein Gesellschafter die Gesellschaft persönlich und haftet auch mit seinem Privatvermögen.

7.1 Offene Handelsgesellschaften

Die **offene Handelsgesellschaft** (OHG) ist ein Unternehmen, das mindestens von zwei Gesellschaftern betrieben wird. Alle Gesellschafter haben dieselben Rechte und Pflichten, falls sie im Gesellschaftsvertrag nichts anderes vereinbart haben. Alle Gesellschafter haften sowohl mit ihrem Geschäftsvermögen als auch mit ihrem Privatvermögen. Die Gesellschafter der OHG haften unbeschränkt, unmittelbar und solidarisch:

-→ **Unbeschränkte Haftung** bedeutet, ein Gesellschafter haftet nicht nur mit seinem Gesellschaftsvermögen, sondern auch mit seinem Privatvermögen.

-→ Bei einer unmittelbaren Haftung kann ein Gläubiger sich direkt an jeden Gesellschafter wenden und von ihm beispielsweise Zahlung verlangen.

-→ Solidarische Haftung (gesamtschuldnerische Haftung) bedeutet, jeder Gesellschafter haftet für die Gesamtschulden der Gesellschaft.

Wenn vertraglich nichts anderes vereinbart wurde, erhält jeder Gesellschafter vom Jahresgewinn zunächst 4 % seiner Kapitaleinlage. Der restliche Reingewinn wird nach Köpfen (also zu gleichen Anteilen) verteilt.

Beispiel: *Herr Rot und Frau Weiß haben eine OHG gegründet, die nach dem ersten Geschäftsjahr 124.000,00 € Gewinn erzielt hat. Aufgrund seiner Einlage in Höhe von 100 000,00 € erhält Herr Rot zunächst 4 000,00 € des Gewinns. Frau Weiß bekommt für ihre 150 000,00 € Kapitaleinlage vorweg 6 000,00 €. Damit sind 10 000,00 € vom Gewinn verteilt. Die übrigen 114 000,00 € werden zu gleichen Anteilen (je 57 000,00 €) an die beiden Gesellschafter vergeben. Insgesamt bekommt Herr Rot damit 61 000,00 € Gewinn, Frau Weiß 63 000,00 €.*

7.2 Kommanditgesellschaften

Eine **Kommanditgesellschaft** (im Folgenden KG abgekürzt) ist eine Personengesellschaft, die aus Gesellschaftern mit unterschiedlichen Rechten und Pflichten besteht:

--→ Mindestens ein **Komplementär** (Vollhafter) haftet mit seinem gesamten Vermögen. Er besitzt das Recht der Geschäftsführung und -vertretung.

--→ Weiterhin muss es mindestens einen **Kommanditisten** (Teilhafter) geben: Er haftet nur mit seiner Kapitaleinlage und ist von der Geschäftsführung und -vertretung ausgeschlossen.

Die Komplementäre (Vollhafter) haben dieselben Rechte und Pflichten wie die Gesellschafter einer OHG. Die Kommanditisten (Teilhafter) haben vor allem Kontrollrecht (Einsichtnahme in Bilanz, Geschäftsbücher und -papiere) und Widerspruchsrecht bei Handlungen, die über den gewöhnlichen Betrieb des Unternehmens hinausgehen.

Wenn vertraglich nichts anderes vereinbart wurde, sollen die Gesellschafter der KG nach der gesetzlichen Regelung zunächst 4 % ihrer Kapitaleinlage bekommen. Der Gewinnrest soll anschließend zwischen Teil- und Vollhaftern in angemessenem Verhältnis verteilt werden.

7.3 Kapitalgesellschaften

Bei **Kapitalgesellschaften** haften die Gesellschafter nicht mit ihren Privatvermögen. Es steht also die kapitalmäßige Beteiligung der Gesellschafter im Vordergrund. Eine Mitarbeit der Gesellschafter ist nicht erforderlich. Die bekanntesten Kapitalgesellschaften sind die Aktiengesellschaft und die Gesellschaft mit beschränkter Haftung.

7.4 Gesellschaften mit beschränkter Haftung

Eine Gesellschaft mit beschränkter Haftung (**GmbH**) ist eine Kapitalgesellschaft, die zu jedem gesetzlich zulässigen Zweck errichtet werden kann. Das Gesellschaftskapital wird Stammkapital genannt und von den Gesellschaftern in Form von Stammeinlagen aufgebracht.

Die Gesellschafter der GmbH haften nicht persönlich für die Verbindlichkeiten der GmbH.

Es gibt keine Mindestgründerzahl: Auch eine Person kann eine GmbH gründen. Die Gesellschafter müssen ein **Stammkapital** von mindestens 25 000,00 € aufbringen. Bei der Sonderform der haftungsbeschränkten Unternehmergesellschaft reichen sogar weniger als 25 000,00 € aus: theoretisch ist die Gründung mit nur 1,00 € Stammkapital möglich. Die Stammeinlage muss mindestens 100,00 € betragen.

Der Gesellschaftsvertrag muss in notarieller Form abgeschlossen werden. Eine Anmeldung zum Eintrag ins Handelsregister (Abt. B) muss erfolgen. Die Eintragung ist erst dann möglich, wenn mindestens die Hälfte des Stammkapitals (als Geld- oder Sacheinlagen) eingebracht wurde.

Eine GmbH hat drei Organe:

→ Der oder die **Geschäftsführer** sind für die Geschäftsführung verantwortlich und vertreten die Gesellschaft gerichtlich und außergerichtlich. Sie sind an die Weisungen der Gesellschafter gebunden und handeln grundsätzlich gemeinsam.

→ Ein **Aufsichtsrat** ist nur bei 500 und mehr Beschäftigten vorgeschrieben. Er kann aber auch bei einer kleineren GmbH durch Satzung vorgesehen sein. Seine Aufgabe ist die eines Kontrollorgans.

→ Die **Gesellschafterversammlung** wird durch alle Gesellschafter gebildet. Hier entscheiden die Gesellschafter über alle grundsätzlichen Angelegenheiten. Die Zahl der Stimmen eines Gesellschafters richtet sich nach der Höhe seiner Stammeinlage.

7.5 Aktiengesellschaften

Die **Aktiengesellschaft** (AG) ist eine Kapitalgesellschaft (juristische Person), deren Grundkapital in viele Anteile (Aktien) zerlegt ist und deren Teilhaber (Aktionäre) nur der Gesellschaft gegenüber mit ihrer Einlage haften. Die Rechtsform der AG sollte dann gewählt werden, wenn sehr viel Kapital für das Unternehmen benötigt wird und sich Geldgeber beteiligen sollen, die lediglich mit ihrer Einlage haften sollen bzw. wollen.

Eine **Aktie** ist ein normiertes, verbrieftes Anteilsrecht an einer Aktiengesellschaft, das leicht übertragbar ist und sich daher für den Börsenhandel eignet. Der Mindestnennbetrag einer Aktie beträgt 1,00 €. Das **Grundkapital** ist die Summe des Nennwertes aller Aktien einer AG.

Organ einer AG sind:

Der **Vorstand** ist das leitende Organ in der AG. Er wird vom Aufsichtsrat auf maximal 5 Jahre bestellt und kann aus einer oder mehreren Personen bestehen.

Der **Aufsichtsrat** ist das überwachende Organ in einer AG. Dieses Kontrollorgan wird auf 4 Jahre gewählt. Die Zusammensetzung ergibt sich aus den verschiedenen Mitbestimmungsregelungen.

Die **Hauptversammlung** ist das beschließende Organ einer AG. Diese Versammlung der Gesellschafter (Aktionäre) findet in der Regel einmal jährlich statt (ordentliche Hauptversammlung). Eine außerordentliche Hauptversammlung kann bei besonderen Anlässen einberufe werden.

Aktionäre haben die folgenden Rechte:

--→ Recht auf Auszahlung einer Dividende (Gewinnanteil)
--→ Stimmrecht auf der Hauptversammlung (eine Stimme pro Aktie)
--→ Recht auf Auskunft bei der Hauptversammlung
--→ Bezugsrecht bei der Ausgabe neuer Aktien

Eine Genossenschaft ist eine Selbsthilfeorganisation mit mindestens sieben Mitgliedern zur Förderung der wirtschaftlichen Ziele ihrer mindestens sieben Genossen (Mitglieder). Sie ist eine juristische Person. Das Grundkapital, dessen Größe gesetzlich nicht vorgeschrieben ist, wird durch Einlagen der Genossen (das sind die Mitglieder) aufgebracht. Ein Mindestkapital ist nicht vorgeschrieben. Der Grundgedanke der Genossenschaft ist die gegenseitige Hilfe und Solidarität. Dabei soll durch den Zusammenschluss vieler (z. T. wirtschaftlich schwacher) Mitglieder der selbstständige Geschäftsbetrieb dieser Genossen gestärkt werden, indem ihnen Vorteile geboten werden, die sonst nur einem kapitalstarken Großbetrieb vorbehalten sind. Eine Genossenschaft wird angemeldet beim Genossenschaftsregister (Amtsgericht).

8 Die Aufbauorganisation eines Großhandelsbetriebs

Die **Organisation** ist ein System von Regelungen und Arbeitsanweisungen im Betrieb, die eine schnelle und wirksame Lösung der Betriebsaufgaben ermöglichen sollen.

Die **Aufbauorganisation** bestimmt den Aufbau eines Unternehmens hinsichtlich der zu verrichtenden Aufgaben und der zu übernehmenden Verantwortungen. Eine **Stelle** ist die kleinste Organisationseinheit eines Betriebes, also der Aufgaben- und Arbeitsbereich eines Beschäftigten.

Eine **Instanz** ist eine Stelle, die Leitungs- und Entscheidungsaufgaben für eine Reihe untergeordneter Stellen übernimmt und gegenüber den Unterstellten Anordnungs- und Kontrollbefugnis sowie Disziplinargewalt besitzt.

8.1 Stellenbeschreibungen

Stellenbeschreibungen enthalten alle wichtigen Angaben über die Stellen in einem Unternehmen. Eine Stellenbeschreibung dient den Beschäftigten, da sie die jeweils zu erbringende Leistung beschreibt. Und sie dient dem Unternehmen als Grundlage für die Bewertung der Leistung des Stelleninhabers und bei einer Neubesetzung. Eine Stellenbeschreibung sollte mindestens Auskunft geben über

- → die Bezeichnung der Stelle
- → die Stelleneingliederung, also die Beziehungen zu anderen Stellen,
- → die zu verrichtenden Aufgaben,
- → die Verantwortungs- und Entscheidungsbereiche sowie
- → die persönlichen Anforderungen, die der/die Stelleninhaber/-in erfüllen muss.

Eine **Abteilung** ist eine Zusammenfassung von sachlich zusammengehörenden Stellen. Sie besteht aus mindestens einer Instanz und mehreren untergeordneten Stellen.

8.2 Organisationsformen

Unternehmen können unterschiedliche **Organisationsformen** haben:

- → Das **Einliniensystem** ist eine Organisationsform mit einheitlichem Instanzenweg: Jeder untergeordneten Stelle ist nur eine weisungsbefugte Instanz übergeordnet. Das Einliniensystem hat einen einfachen organisatorischen Aufbau mit eindeutig geregelten Zuständigkeiten, erweist sich jedoch manchmal als zu starre Organisation mit langen, zeitraubenden Befehlswegen.
- → Beim **Mehrliniensystem** ist die Weisungsbefugnis auf mehrere spezialisierte Vorgesetzte verteilt: Ein Stelleninhaber ist also gleichzeitig mehreren Vorgesetzten verantwortlich.
- → Ein **Stabliniensystem** ist ein Liniensystem mit Stabsstellen. Stabsstellen sind besondere Stellen, die Informationen verarbeiten, Entscheidungen vorbereiten und die Instanzen fachlich beraten. Sie besitzen aber kein Anordnungsrecht.
- → Die **Spartenorganisation** wird häufig auch „**Divisionale Organisation**" genannt und ist eine Organisationsform für große, daher in der Regel unübersichtliche und schwer zu steuernde Unternehmen. Das Unternehmen wird in mehrere Geschäftsbereiche (Divisionen bzw. Sparten) unterteilt, die praktisch wie wirtschaftlich als unabhängige Teilunternehmen behandelt werden, denen nur die Gesamtunternehmensleitung übergeordnet ist. Gliederungsprinzip sind meistens die Objekte des Betriebes – also die Produktgruppen.
- → Bei der **Matrixorganisation** hat jede/-r Beschäftigte einen produkt- bzw. projektorientierten und einen funktionsorientierten Vorgesetzten.

9 Zusammenarbeit des Großhandelsunternehmens mit anderen Institutionen

Großhandelsunternehmen arbeiten mit den unterschiedlichsten Institutionen und Wirtschaftsorganisationen zusammen.

⇢ Großhandelsunternehmen sind Pflichtmitglieder bei der **Industrie- und Handelskammer** (IHK). Die IHKs nehmen die Interessen der der Mitgliedsunternehmen gegenüber der Öffentlichkeit und politischen Gremien war. Sie sind zuständig für die Berufsausbildung und nehmen auch entsprechende Prüfungen ab. Sie bieten die unterschiedlichsten Dienstleistungsangebote an (Fortbildungen, Beratungen usw.).

⇢ Viele Großhandelsunternehmen sind Mitglied von **Arbeitgeberverbänden**, von denen sie beratend unterstützt werden können.

⇢ Mit **Gewerkschaften** wird oft Kontakt aufgenommen zur Zusammenarbeit bei der Bewältigung von Strukturanpassungen oder Wirtschaftskrisen.

⇢ In Anspruch genommen werden oft auch Dienstleistungen von Gemeinde- oder Stadtverwaltungen (**Kommunalverwaltungen**).

⇢ Großhandelsunternehmen stehen immer in Verbindung zu den **Finanzämtern,** weil sie verschiedene Steuerarten abführen müssen.

⇢ **Gewerbeaufsichtsämter** überwachen die Einhaltung verschiedener rechtlicher Bestimmungen. Auch mit **Berufsgenossenschaften** und der **Bundesagentur für Arbeit** wird oft zusammengearbeitet.

10 Betriebliche Organisation

10.1 Die Berufsausbildung

Duales Berufsausbildungssystem bedeutet, dass Auszubildende an zwei Lernorten – in ihrem Ausbildungsbetrieb und in der Berufsschule – ausgebildet werden. Im Ausbildungsbetrieb sollen die Auszubildenden alle Fähig- und Fertigkeiten lernen, die im Ausbildungsrahmenplan vorgeschrieben sind. Die Inhalte des Berufsschulunterrichts sind in den Richtlinien der Kultusministerien der Länder festgelegt.

In der **Ausbildungsordnung** für den Ausbildungsberuf Kaufleute für Großhandels- und Außenhandelsmanagement ist festgelegt:

⇢ die Bezeichnung des anerkannten Ausbildungsberufs

⇢ die Ausbildungsdauer

⇢ das Ausbildungsberufsbild

der Ausbildungsrahmenplan, der verbindlich festlegt, was im Ausbildungsbetrieb
   zu vermitteln ist

⇢ die Prüfungsanforderungen

Was die Berufsschule an Kompetenzen zu vermitteln hat, ist im von der Kultusminis-
terkonferenz beschlossenen **Lehrplan** festgehalten.

Der **Ausbildungsvertrag** wird zwischen Ausbildenden und Auszubildenden abgeschlossen. Ist ein/-e Auszubildende noch keine 18 Jahre alt, muss eine erziehungsbe-
rechtigte Person den Ausbildungsvertrag mit unterschreiben.

Pflichten von Ausbildenden

⇢ Bereitstellung von Ausbildungsmitteln

⇢ Freistellung für den Berufsschulunterricht

⇢ Der Ausbildende darf den Auszubildenden nur Tätigkeiten übertragen, die dem
   Ausbildungszweck dienen und den körperlichen Kräften angemessen sind.

⇢ Fürsorgepflicht

⇢ Vergütungspflicht

Pflichten von Auszubildenden

⇢ Lernpflicht

⇢ Befolgung von Weisungen

⇢ Besuch der Berufsschule

⇢ Führen des Berichtsheftes

⇢ Einhaltung der Betriebsordnung

⇢ Schweigepflicht

10.2   Der Arbeitsvertrag

Tritt man nach einer Ausbildung in ein Arbeitsverhältnis ein, gilt der **Arbeitsvertrag**.
Dies ist ein Dienstvertrag, durch den sich Beschäftigte gegenüber ihrem Arbeitgeber zu
einer entgeltlichen Arbeitsleistung verpflichten. Geregelt werden unter anderem Beginn und eventuell Dauer des Arbeitsverhältnisses, die Tätigkeit, die Höhe des Lohns
bzw. Gehalts, der Arbeitsort und die Arbeitszeit.

Pflichten von Arbeitgebern

⇢ Vergütungspflicht

⇢ Fürsorgepflicht

⇢ Zeugnispflicht

Pflichten von kaufmännischen Angestellten

--→ Arbeitspflicht

--→ Verschwiegenheitpflicht

--→ Verbot der Annahme von Schmiergeldern

--→ Gesetzliches Wettbewerbsverbot

10.3 Rechtliche Regelungen mit Auswirkungen auf den Arbeitsvertrag

Die Gestaltungsfreiheit des Arbeitsvertrags wird durch Gesetze, Rechtsverordnungen, Tarifverträge und Betriebsvereinbarungen eingeschränkt.

Jugendarbeitsschutzgesetz

So gelten für minderjährige Auszubildende und Beschäftigte (15- bis 17-jährige Personen) die Bestimmungen des **Jugendarbeitsschutzgesetzes**:

--→ Jugendliche dürfen keine gesundheitsgefährdenden Arbeiten, keine Akkordarbeit, keine Arbeiten, die ihre Leistungsfähigkeit überschreiten, sowie keine Arbeiten verrichten, bei denen sie sittlichen Gefahren ausgesetzt sind.

--→ Jugendliche dürfen täglich höchstens 8 Stunden beschäftigt werden. Die tägliche Arbeitszeit darf auf 8,5 Stunden erhöht werden, wenn dadurch die wöchentliche Arbeitszeit von 40 Stunden nicht überschritten wird.

Tarifverträge

Tarifverträge gibt es in zwei Arten:

--→ Der **Manteltarifvertrag** regelt allgemeine Arbeitsbedingungen, z. B. Arbeitszeit, Urlaub, Kündigungsfristen, Zulagen.

--→ Der **Lohn- und Gehaltstarifvertrag** regelt die Lohn- und Gehaltshöhe für die Arbeitnehmer in den verschiedenen Lohn- und Gehaltsgruppen. Er regelt auch die Höhe der Ausbildungsvergütung.

Die Bestimmungen eines Tarifvertrags gelten für die Mitglieder der Tarifvertragsparteien.

Unter **Tarifautonomie** versteht man das Recht der Tarifvertragsparteien (Gewerkschaften und Arbeitgeberverbände), Tarifverträge ohne Einmischung des Staates auszuhandeln.

Friedenspflicht bedeutet, dass während der Gültigkeitsdauer eines Tarifvertrags von den vertragschließenden Gewerkschaften und Arbeitgeberverbänden keine Arbeitskampfmaßnahmen (Streiks und Aussperrungen) durchgeführt werden dürfen.

Tarifverhandlungen

Möglicher Ablauf von **Tarifverhandlungen**:

1. Tarifverhandlungen erfolgen zwischen Gewerkschaft und Arbeitgeberverband
2. Scheitern der Verhandlungen, wenn sich die Tarifvertragsparteien nicht einigen können
3. Schlichtungsverfahren, sofern es zwischen den Tarifvertragsparteien zuvor in einem Abkommen vereinbart wurde
4. Urabstimmung der gewerkschaftlich organisierten Arbeitnehmer
5. Streik, wenn in der Urabstimmung eine Zustimmung zum Arbeitskampf von mindestens 75 % erreicht wurde
6. Aussperrung als Kampfmittel der Arbeitgeber
7. Wiederaufnahme der Verhandlungen
8. Ende des Streiks, wenn dem Verhandlungsergebnis mindestens 25 % der gewerkschaftlich organisierten Arbeitnehmer in einer erneuten Urabstimmung zustimmen

Betriebliche Mitbestimmung

Auch Betriebsvereinbarungen haben Auswirkungen auf das Arbeitsverhältnis. **Betriebsvereinbarungen** regeln die Ordnung und die Arbeitsverhältnisse des einzelnen Betriebs, z. B. Arbeitszeiten, Pausenzeiten, Urlaubsregelungen. Sie gelten für alle Beschäftigten eines Betriebs. Betriebsvereinbarungen werden zwischen Arbeitgeber und Betriebsrat abgeschlossen.

Der **Betriebsrat** ist die wichtigste Interessenvertretung der Beschäftigten im Betrieb. Zu seinen Aufgaben gehört es, darüber zu wachen, dass im Betrieb alle zum Schutz der Beschäftigten erlassenen Gesetze, Verordnungen, Unfallverhütungsvorschriften und Tarifverträge eingehalten werden.

Darüber hinaus hat der Betriebsrat eine Reihe von Mitwirkungs- und Mitbestimmungsrechten. Dabei bedeutet **Mitbestimmung**, dass die betriebliche Maßnahme erst mit Zustimmung des Betriebsrates wirksam wird. **Mitwirkung** bedeutet, dass der Betriebsrat nur ein Informations-, Beratungs- oder Anhörungsrecht hat. Hat der Betriebsrat durch einen Widerspruch, wird die vom Arbeitgeber angeordnete Maßnahme nicht unwirksam.

Eine Zustimmung des Betriebsrates ist erforderlich in allen sozialen Angelegenheiten, wie Kurzarbeit und Überstunden, Beginn und Ende der täglichen Arbeitszeit, Einführung eines leistungsbezogenen Entgelts. In wirtschaftlichen Angelegenheiten hat der Betriebsrat dagegen nur ein Informationsrecht

Es müssen mindestens fünf wahlberechtigte Arbeitnehmer in einem Betrieb beschäftigt sein, um einen Betriebsrat einrichten zu können.

Alle Arbeitnehmer/-innen und Auszubildenden eines Betriebs, die noch nicht 25 Jahre alt sind, dürfen zu **Jugend- und Auszubildendenvertretern** gewählt werden.

Der Betriebsrat muss einmal in jedem Kalendervierteljahr auf einer **Betriebsversammlung** alle Arbeitnehmer/-innen (einschließlich der Auszubildenden) über seine Tätigkeit informieren und zur Diskussion stellen. Der Arbeitgeber muss ebenfalls eingeladen werden und hat das Recht, auf der Betriebsversammlung zu sprechen. An der Betriebsversammlung können Beauftragte der im Betrieb vertretenen Gewerkschaften beratend teilnehmen. Der Arbeitgeber kann Vertreter seines Arbeitgeberverbandes hinzuziehen, wenn er an einer Betriebsversammlung teilnimmt.

10.4 Das Personalwesen

Aufgabe des **Personalwesens** in Großhandelsunternehmen ist die Betreuung und Verwaltung der Beschäftigten. In einer Personalabteilung werden unterschiedliche Aufgaben durchgeführt

Personalplanung

Mit der **Personalplanung** werden die zukünftigen Erfordernisse im Personalbereich des Unternehmens ermittelt und die daraus resultierenden Maßnahmen für die Zukunft festgelegt.

So wird im Rahmen der Personalbedarfsplanung der zukünftige Bedarf an Beschäftigten im Unternehmen ermittelt:

Die **qualitative Personalplanung** beantwortet die Frage: Welche Anforderungen müssen mögliche Stelleninhaber erfüllen? Es werden also Beschäftigte für die richtigen Aufgabenbereiche mit der benötigten Qualifikation zur Verfügung gestellt.

Die **quantitative Personalplanung** beantwortet die Frage: Wie viele Arbeitskräfte werden benötigt? Sie sorgt dafür, dass Arbeitskräfte in der benötigten Anzahl, am richtigen Ort, zur richtigen Zeit für die benötigte Dauer zur Verfügung gestellt werden.

Beispiel:

Herr Hoss arbeitet in einer Erfa-Gruppe (Erfahrungsaustauschgruppe) mit Einzelhändlern anderer Branchen zusammen. Dort stellt gerade Stefan Rindelhardt die Baumarktkette Rindelhardt vor: „*Die Filialen in der Baumarktkette Rindelhardt GmbH sind in regionale Bezirke zusammengefasst. Ich zeige mal am Beispiel des Bezirks Südniedersachsen unsere quantitative Personalplanung.*" *Er präsentiert folgende Tabelle:*

Sollpersonalbedarf laut Stellenplan (Bruttopersonalbedarf)		900 Mitarbeiter
./. aktueller Personalstand		830 Mitarbeiter
= Personalunterdeckung		70 Mitarbeiter
+ zu ersetzende Abgänge		42 Mitarbeiter
a) sichere Abgänge		
--» Freiwilliges soziales Jahr/Bundesfreiwilligendienst	10	
--» Mutterschutz	8	
--» Ruhestand	10	
b) erfahrungsgemäße Fluktuation	14	
./. feststehende Zugänge		28 Mitarbeiter
--» Rückkehrer Freiwilliges Soziales Jahr/Bundesfreiwilligendienst	4	
--» Rückkehrer Elternzeit	6	
--» Übernahme aus Ausbildungsverhältnis	18	
= Nettopersonalbedarf		84 Mitarbeiter

Die Personalabteilung muss für den Planungszeitraum 84 neue Mitarbeiter gewinnen.

Personalbeschaffung

Die **Personalbeschaffung** befasst sich mit der Bereitstellung der für das Unternehmen erforderlichen Arbeitskräfte. Sie kann erfolgen auf

--» **externen Beschaffungswegen**: Es wird versucht, betriebsfremde Bewerber außerhalb des Unternehmens zu gewinnen (gezielte Auswertung von Stellengesuchen/Einschaltung der Agenturen für Arbeit oder einer Personalberatung).

⇢ **interne Beschaffungswege**: Es wird versucht, die Stelle innerbetrieblich zu besetzen (Versetzungen/innerbetriebliche Stellenausschreibungen/Mehrarbeit).

Das Ziel der **Personaleinsatzplanung** im Rahmen der Personalplanung ist die bestmögliche Eingliederung der verfügbaren Arbeitskräfte in den betrieblichen Leistungsprozess.

Die routinemäßigen Aufgaben, die sich aus der Beschäftigung von Arbeitskräften ergeben, werden in der **Personalverwaltung** zusammengefasst. Hier geht es darum, Arbeitsverträge zu schließen und umzusetzen, deren Einhaltung zu überwachen und die Sicherstellung der Arbeitgeberpflichten zu übernehmen. Hierzu zählt auch das Führen der Personalakten. Alle Beschäftigten haben das Recht, Einsicht in ihre eigene Personalakte zu nehmen. Sie dürfen dabei auch ein Mitglied des Betriebsrats hinzuziehen.

Lohn und Gehalt

Die **Personalentlohnung** ist für die Zahlung eines leistungsgerechten Arbeitsentgelts an die Beschäftigten zuständig.

Zur Ermittlung des Nettoverdienstes müssen vom Bruttoverdienst die gesetzlichen Abzüge abgeführt werden:

⇢ Lohnsteuer
⇢ Kirchensteuer
⇢ Sozialversicherungsbeiträge (Beiträge zur Renten-, Kranken-, Pflege- und Arbeitslosenversicherung)
⇢ ggf. Solidaritätszuschlag

Die für den Lohnsteuerabzug maßgebenden Merkmale wie z. B. Steuerklasse, Kirchensteuermerkmale, Zahl der Kinderfreibeträge sowie weitere Freibeträge werden von der Finanzverwaltung in einer zentralen Datenbank gespeichert. Diese steht den Arbeitgebern zum elektronischen Abruf bereit.

Alle Arbeitgeber müssen die monatlich einbehaltenen Sozialversicherungsbeiträge bis zum 15. des Folgemonats an die jeweilige Krankenkasse seiner Beschäftigten abführen.

Die vom Lohn oder Gehalt der Beschäftigten einbehaltene Lohnsteuer, Kirchensteuer sowie ggf. der Solidaritätszuschlag müssen von den Arbeitgebern bis zum 10. Tag des auf den Lohnsteuer-Anmeldezeitraums folgenden Monats (bei monatlicher Abrechnung) in einem Betrag an die Kasse des zuständigen Betriebsstättenfinanzamts abgeführt werden.

Beispiel: *Herr Santos, Bruttomonatsverdienst 1 221,99 €, verheiratet, zwei Kinder, Steuerklasse IV, katholisch*

Bruttogehalt   1 221,99 €
– Lohnsteuer   73,03 €
– Sozialversicherung (bei 14,9 % KV-Beitrag) 182,08 €
= Nettogehalt 966,88

Personalbeurteilung

Eine systematische und objektive **Personalbeurteilung** ist die Grundlage jeder Personalarbeit in einem Unternehmen.

Zur Durchführung der anfallenden Arbeiten benötigt ein Großhandelsunternehmen optimal geeignete Beschäftigte. Diese Forderung versucht die **Personalentwicklung** zu erreichen. Zur Personalentwicklung gehören alle Maßnahmen, mit denen die Qualifikationen der Beschäftigten verbessert werden können. Sie erstreckt sich auf:

⇢ die Aufstiegsentwicklung (Laufbahn, Karriere)
⇢ Qualifikationsentwicklung (Erweiterung des Fachwissens, Spezialistenentwicklung)
⇢ Persönlichkeitsentwicklung

Ein Großhandelsunternehmen muss den Beschäftigten in diesem Zusammenhang innerbetriebliche und außerbetriebliche fort- und Weiterbildungsmaßnahmen anbieten.

Kündigung

Im Rahmen der **Personalfreisetzung** geht es um die Beendigung des Arbeitsverhältnisses durch Vertragsablauf, Aufhebungsvertrag oder Kündigung. Die Kündigung ist die einseitige schriftliche Auflösung eines Arbeitsverhältnisses. Beachtet werden muss, dass alle Kündigungen der Schriftform bedürfen und vor der Kündigung der Betriebsrat anzuhören ist.

Bei der **ordentlichen Kündigung** handelt es sich um die Kündigung unter Einhaltung von Kündigungsfristen:

Betriebszugehörigkeit	Kündigungsfrist
2 Jahre	1 Monat zum Monatsende
5 Jahre	2 Monate zum Monatsende
8 Jahre	3 Monate zum Monatsende
10 Jahre	4 Monate zum Monatsende
12 Jahre	5 Monate zum Monatsende
15 Jahre	6 Monate zum Monatsende
20 Jahre	7 Monate zum Monatsende

Die gesetzlichen Kündigungsfristen sind Mindestregeln. Durch Tarifvertrag oder im Arbeitsvertrag kann eine längere Kündigungsfrist vereinbart werden.

Die **außerordentliche Kündigung** ist eine fristlose Kündigung bei Pflichtverletzungen von Arbeitnehmern oder Arbeitgebern. Bei Vorliegen eines wichtigen Grundes kann eine außerordentliche Kündigung spätestens zwei Wochen nach dessen Bekanntwerden erfolgen.

Im Rahmen des **allgemeinen Kündigungsschutzes** muss jede Kündigung sozial gerechtfertigt sein. Dies bedeutet, dass es entweder Gründe in der Person oder im Verhalten der oder des Beschäftigten oder dringende betriebliche Erfordernisse und soziale Gesichtspunkte gibt, die zu der Kündigung führen.

Ein besonderer Kündigungsschutz liegt für folgende Personengruppen vor:

--→ Betriebsräte sowie Jugend- und Auszubildendenvertreter/-innen
--→ Schwerbehinderte
--→ Schwangere
--→ Personen im Erziehungsurlaub
--→ Auszubildende nach der Probezeit

10.5 Sicherheit im Betrieb

Durch bestimmte Vorsorge- und Sicherungsmaßnahmen kann die Gefahr eines Brandes, eines Diebstahls oder eines Unfalls vermindert werden.

Die Arbeitsbedingungen müssen den Vorschriften des **Arbeitsschutzes** entsprechen. Die Beschäftigten müssen so weitgehend wie möglich vor Einflüssen geschützt werden, die schädlich auf ihre Gesundheit einwirken oder sie anderweitig gefährden können.

Rechtliche Grundlagen für den Arbeitsschutz finden sich in der

--> **Gewerbeordnung**: Diese sieht vor, dass die Unternehmen, den Betriebsablauf so zu regeln haben, dass die Beschäftigten weitgehend geschützt sind. Das Unternehmen muss sich um eine ausreichende Beleuchtung, eine gute Luftqualität und eine angemessene Abfallbeseitigung kümmern.

--> **Arbeitsstättenverordnung**: Diese konkretisiert die Vorschriften der Gewerbeordnung. Sie enthält detailliertere Vorschriften über die Bedingungen und Gegebenheiten an Arbeitsplätzen. Sie macht Aussagen über die Temperaturen an Arbeitsplätzen, den Flächenbedarf eines Arbeitsplatzes oder die Beleuchtungsstärke.

Kontrolliert wird die Einhaltung der Regeln des Arbeitsschutzes von den Gewerbeaufsichtsämtern.

Unfallverhütung

Für die Unfallverhütung haben die Berufsgenossenschaften **Unfallverhütungsvorschriften** ausgearbeitet, zu deren Bekanntmachung alle Arbeitgeber verpflichtet sind.

Die Unfallverhütungsvorschriften enthalten Regelungen

--> über das Verhalten, das die Beschäftigten zur Verhütung von Arbeitsunfällen an den Tag legen sollen
--> zu Einrichtungen, Anordnungen und Maßnahmen, die die Arbeitgeber in den Betrieben zu treffen haben.

Die Sicherheitskennzeichnung im Lager und in anderen Geschäftsräumen weist auf mögliche Gefahren und Risiken hin. Zusätzliche Maßnahmen können sein:

--> Das Großhandelsunternehmen ernennt eine/-n Sicherheitsbeauftragte/-n.
--> Einer oder mehrere Beschäftigte werden zur Fachkraft für Arbeitssicherheit weitergebildet.
--> Es wird darauf geachtet, dass die Vorschriften zum Arbeitsschutz und zur Unfallverhütung eingehalten werden.
--> Alle Mitarbeiter enthalten ein Informationsblatt mit wichtigen Daten zur Unfallverhütung und zum Arbeitsschutz.

Die Unfallverhütungsvorschriften werden von den Berufsgenossenschaften festgelegt und von diesen kontrolliert.

Brandschutz

Die Mehrzahl der Brandursachen lässt sich völlig beseitigen, wenn die geltenden **Brandschutzvorschriften** genau eingehalten werden. Darüber hinaus können auch technische Brandschutzvorrichtungen wie Feuerlöscher, Sprinkler- und Alarmanlagen die Brandgefahr vermindern.

Eine große Bedeutung kommt der Vermeidung von Feuer im Lager zu. Brände, die den Warenvorrat eines Unternehmens vernichten, können schnell dessen Existenz gefährden.

Um Brände zu verhindern, wird bereits beim Bau von Lagern und Geschäftsräumen darauf geachtet, dass durch bauliche Einrichtungen die Entstehung von Bränden vermieden oder die Ausweitung von Bränden zumindest eingedämmt wird. Dieser bauliche Brandschutz sieht z. B. vor:

-→ den Einsatz von nicht brennbaren Stoffen und Feuerschutztüren,
-→ die Errichtung und Ausweisung von Flucht- und Rettungswegen,
-→ den Einbau von Brandmeldern und Feuerlöschanlagen.

Zum allgemeinen Brandschutz gehören Maßnahmen, die bei der täglichen Arbeit Brände zu vermeiden helfen:

-→ Es wird darauf geachtet, dass im Lager nicht geraucht wird.
-→ regelmäßige Brandschutzübungen
-→ kein Verstellen von Notausgängen bzw. Fluchtwegen

Im Brandfall ist das richtige Verhalten für den Erfolg der Rettungsmaßnahmen wichtig:

-→ Ruhe bewahren und Panik vermeiden
-→ sich selbst und andere in Sicherheit bringen:
  - andere Personen warnen und mitnehmen
  - Brandschutztüren schließen
  - keine Aufzüge nutzen
  - wenn eine Person in Brand gerät, mithilfe von Decken und Kleidungsstücken (Sauerstoffentzug!) einen Löschungsversuch vornehmen.
-→ Die Feuerwehr muss über Feuermeldeeinrichtungen oder über den Notruf 112 alarmiert werden.

Hilfreich sind dabei die folgenden vier Informationen:

--> Wo (Adresse) ist der Brand?
--> Was (Lager/Büro/Wohnhaus usw.) brennt?
--> Für wie viele Menschen besteht Gefahr?
--> Wer ist Melder des Brandes?

Nur falls keine Gefahr mehr besteht, sind erste Löschmaßnahmen zu ergreifen.

11 Umweltschutz

Gesellschaftlich als immer wichtiger angesehen wird der Umweltschutz. Für Großhandlungen bedeutet dies, dass sie Prinzipien des Umweltschutzes zu beachten haben.

Zum Umweltschutz und zur Nachhaltigkeit kann ein Unternehmen beitragen durch:

--> energiesparende Maßnahmen im Bereich Logistik (Lagerhaltung und Transport), in Gebäuden und Geschäftsräumen
--> umweltfreundliche Sortimentsgestaltung
--> Materialeinsparungen in den Bereichen Logistik und Geschäftsausstattung
--> Abfallvermeidung und -entsorgung

Maßnahmen zum umweltschonenden Umgang mit Abfällen sind zum Teil im **Kreislaufwirtschaftsgesetz** festgehalten.

Das lange Zeit vorherrschende Prinzip in der Wirtschaft war das der „Wegwerfgesellschaft". In der Wegwerfgesellschaft werden Waren und Verpackungen nach einmaligem Gebrauch oder Verbrauch entsorgt. In einer **Kreislaufwirtschaft** dagegen gelangen die in einer Ware enthaltenen Rohstoffe über den endgültigen Gebrauch oder Verbrauch der Ware hinaus wieder zurück in den Produktionsprozess. Abfälle werden wieder als Bestandteile neuer Waren verwendet (**Recycling**).

Das Kreislaufwirtschaftsgesetz hat das gesamtgesellschaftliche Ziel, Herstellung und Verbrauch von Waren so zu gestalten, dass

--> möglichst wenig Abfälle entstehen,
--> entstandene Abfälle nach Möglichkeit wiederverwertet werden können und
--> nicht recycelbare (= wiederverwertbare) Abfälle möglichst umweltverträglich beseitigt werden.

Das Kreislaufwirtschaftsgesetz macht eine eindeutige Aussage zur Produktverantwortung: Das Unternehmen, das eine Ware entwickelt, herstellt oder verkauft, ist für die Erreichung der Ziele der Kreislaufwirtschaft verantwortlich. Für den Umgang mit Abfällen gilt die Abfallhierarchie:

- → **Vermeiden**: Nach Möglichkeit sollen Abfälle überhaupt nicht anfallen.
- → **Verwerten**: Sind Abfälle nicht zu vermeiden, sollen diese wieder in Rohstoffe zerlegt und anschließend in die Kreislaufwirtschaft zurückgeführt werden.
- → **Beseitigen**: Erst wenn das Recycling nicht möglich ist, sollte Abfall beseitigt werden.

Sachwortverzeichnis